||工匠精神宣传丛书||

上海技能大师风采
（第一辑）

上海市人力资源和社会保障局
上海市技师协会 | 组织编写

中国劳动社会保障出版社

图书在版编目（CIP）数据

上海技能大师风采．第一辑／上海市人力资源和社会保障局，上海市技师协会组织编写．-- 北京：中国劳动社会保障出版社，2017
（工匠精神宣传丛书）
ISBN 978-7-5167-3037-9

Ⅰ．①上… Ⅱ．①上… ②上… Ⅲ．①技术工人－先进事迹－上海－现代 Ⅳ．①K828.1

中国版本图书馆CIP数据核字（2017）第084365号

中国劳动社会保障出版社出版发行

（北京市惠新东街1号 邮政编码：100029）

*

三河市华骏印务包装有限公司印刷装订 新华书店经销
880毫米×1230毫米 32开本 7.625印张 165千字
2017年5月第1版 2017年5月第1次印刷

定价：29.00元

读者服务部电话：（010）64929211/64921644/84626437
营销部电话：（010）64961894
出版社网址：http://www.class.com.cn

版权专有 侵权必究

如有印装差错，请与本社联系调换：（010）50948191
我社将与版权执法机关配合，大力打击盗印、销售和使用盗版图书活动，敬请广大读者协助举报，经查实将给予举报者奖励。

举报电话：（010）64954652

序
PREFACE

弘扬和培育工匠精神，营造重技术、重技能的全民价值导向和时代精神，对我国的建设和发展，特别是技能人才队伍建设有着举足轻重的意义。

李克强总理在 2016 年做政府工作报告时首次提到"工匠精神"，让人耳目一新；2017 年做政府工作报告时，他表示："质量之魂，存于匠心。要大力弘扬工匠精神，厚植工匠文化，恪尽职业操守，崇尚精益求精，培育众多'中国工匠'，打造更多享誉世界的'中国品牌'，推动中国经济发展进入质量时代。"2017 年 4 月 7 日，李克强总理会见了来华对上海申办 2021 年第 46 届世界技能大赛进行考察评估的世界技能组织主席巴特利等人，他说："中国正在全社会大力倡导'工匠精神'，就是要提升技能，让我们的产品、服务更加精细，更加符合消费者的需求……不管上海申办结果如何，中国政府会一如既往、锲而不舍提升中国劳动力的技能。因为这是中国经济发展的内在需要和关键因素。"

上海是中国近代工业的发源地，对工匠精神的弘扬和高技能人才队伍的建设一贯非常重视。2010年起，上海市人力资源和社会保障局在全市推动实施"首席技师千人计划"，鼓励有条件的用人单位建立完善首席技师制度、发挥高技能人才的引领带动作用，并对成效显著的企业予以经费资助；在此基础上，鼓励、指导并资助条件成熟的用人单位建立"技能大师工作室"，开展技术创新、技能攻关、技艺传承、技能推广等工作。到2016年底，获得市级资助的首席技师已累计有1217人次，获得市级资助的"上海市技能大师"已累计有136人次，其中28人还获得了国家级技能大师工作室项目资助。这些技能人才领军人物的成长，也是上海近年来紧紧围绕产业发展需求，大力加强职业技能培训和高技能人才培养工作的成果体现。

这次我们组织编写了"工匠精神宣传丛书"的第一本——《上海技能大师风采（第一辑）》，选取首批市级技能大师工作室和国家级技能大师工作室中的20位大师，通过讲故事的形式介绍他们成长成才的经历及其背后所代表的上海各行各业的新发展、新变化和新成就。在各位技能大师身上，我看到了追求完美、精益求精的"极致"，看到了勇挑重担、攻坚克难的"担当"，看到了精心培育、无私奉献的"传承"，看到了与时俱进、勤奋钻研的"创新"。我想，他们就是上海技能人才的"偶像"，他们身上的这些精神就是我们所要倡导的"工匠精神"的生动诠释。

目前，上海正处于发展的关键时期，又正值世赛申办的关键时刻，培养一批知识技能更新、创新能力突出、参与国际合作交流、职业素养优秀的高技能人才已成为当务之急。我们将按照"四个全面"的战略布局要求，以弘扬"劳动光荣、技能宝贵、创造伟大"精神和塑造"工匠精神"为引领，以申办和参加世界技能大赛为契机，对标上海创新转型和产业结构提升对技能人才的发展需求，不断完善各项政策措施，加大支持力度，营造良好社会氛围，进一步加快技能人才队伍的建设。

衷心希望所有的技能大师工作室带头人和各行各业的首席技师们勇担重任、不辱使命，在各自的工作岗位上发挥更大的作用、创造更多的成果、培养更多的高徒，为上海建成"四个中心"、社会主义现代化国际大都市和具有全球影响力的科技创新中心，为实现"两个一百年"宏伟目标、建设富强民主文明和谐的社会主义现代化国家、实现中华民族伟大复兴的中国梦，不断做出新的贡献。

上海市人力资源和社会保障局局长

2017 年 5 月

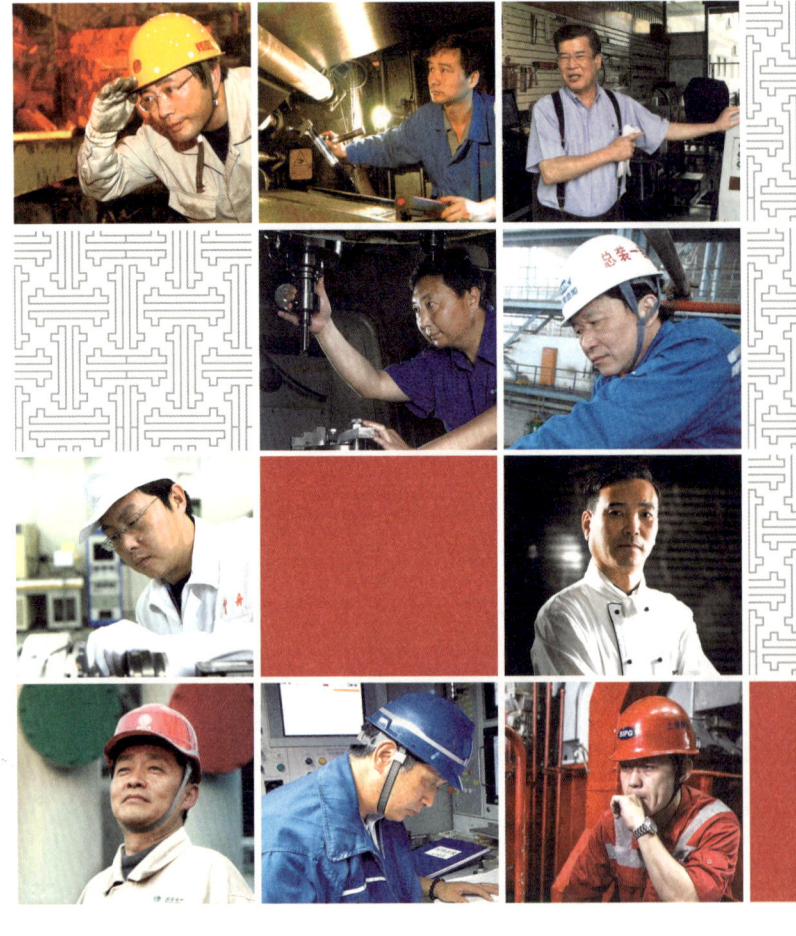

上海技能大师风采
SHANGHAIJINENGDASHIFENGCAI
（第一辑）

工匠精神宣传丛书

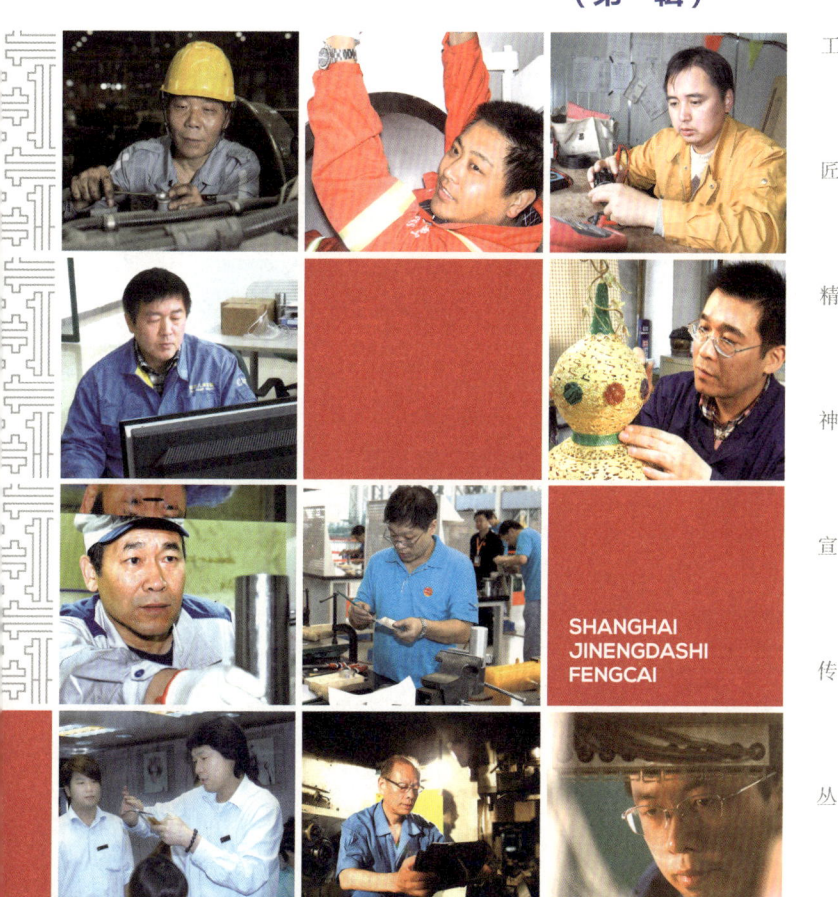

工匠精神宣传丛书

目录
CONTENTS

1　宝钢"蓝领科学家",为机器装上"中国心脏":王军

15　中国制造"太空之吻"缔造者:王曙群

33　在隧道中亮剑的"李云龙":李鸿

47　一线工人造传奇:李斌

59　地铁心脏的守护者:李鹃伟

71　守护城市"动脉"的特种兵:杨庆华

83　和金子打交道的人:沈国兴

97　屡破世界纪录的"80后":张彦

107　空调领域的机械大师:陆忠明

117　专注技术创新铸就"铁军工匠":陆凯忠

127	率创新工艺的技术能手：陈志农
135	潜水英雄铸就上海打捞精神：金锋
147	自学成才的轴承大师：经营亮
155	曾经被"赶出门"的线务员：徐珺
169	汽车行业创新的标杆：徐小平
179	中华美食文化的传播大使：翁建和
191	走到国内外的修车大王：陶巍
203	把洋技术擒下马的土专家：黄红雄
213	美丽从头开始：龚建林
223	爱琢磨的飞机钣金工：戴渊

宝钢"蓝领科学家",
为机器装上"中国心脏":

学习改变人的命运,创新提升人的价值。我的热轧蓝领团队 16 年来申请国家专利超 800 项、年创直接效益超 2 亿元,用实践证明技术工人也可像科学家那样工作,人人都能走上岗位创新的成才道路!

个人简介

　　王军，男，1966年3月出生，宝钢技校毕业，同济大学夜大专升本，高级技师，宝钢技能专家，2007年度国家科技进步二等奖、2013年度上海市科技进步二等奖和2016年度国家科技进步二等奖获得者，享受国务院特殊津贴，荣获"全国技术能手"和"全国劳动模范"等荣誉，申报国家专利208项、宝钢技术秘密认定42项和PCT（专利合作协定）国际专利授权8项，国内外发明展获奖35项、金奖18项，诸多创新成果替代进口并达到国际先进水平，近5年创直接经济效益6亿元。王军带徒传技经验丰富，受聘宝钢人才开发院兼职教授，为宝钢和社会培养了大量技能人才，主持国家级技能大师工作室，获国内外各类创新成果奖87项，近5年创直接经济效益13亿元，所在部门获国家专利超800项,是具有较强创新创造能力和社会影响力的高技能专家。

热轧钢与冷轧钢

热轧钢按其材质、性能的不同可分为:普通碳素结构钢、低合金钢、合金钢;按其用途的不同可分为:冷成型用钢、结构钢、汽车结构钢、耐腐蚀结构用钢、机械结构用钢、焊接气瓶及压力容器用钢、管线用钢等。热轧钢硬度低,加工容易,延展性能好。热轧钢产品包括钢带(卷)及由其剪切而成的钢板。热轧钢板强度相对较低,表面质量略差(有氧化、光洁度低),但塑性好,一般为中厚板;冷轧钢板强度高、硬度高、表面光洁度高、一般为薄板,可以作为冲压用板。

冷轧钢和热轧钢的区别不在于冶炼过程,而在于轧钢温度,即轧钢终止温度(简称"终轧温度")。终轧温度低于钢材再结晶温度的就成为冷轧钢。热轧钢容易轧制,轧钢效率高,但是热轧条件下钢材氧化,产品表面是黑灰暗淡的。冷轧钢要求轧机功率大,轧制效率低,而且在轧制过程中为了消除加工硬化的影响还要进行中间退火,所以成本也较高。用热轧钢卷为原料,经酸洗去除氧化皮后进行冷连轧,其成品为轧硬卷,轧硬卷可作为热镀锌厂的原料,因为热镀锌机组均设置有退火线,钢卷在常温下,对热轧酸洗卷可以进行连续轧制。冷轧钢表面光亮、质量好,可以直接用来加工成品,因此冷轧钢板应用十分广泛。

成长经历

岁月荏苒,他还是他,一名最基层的工人。30 多年了,他一直奔走在创新路上,从未止步,从未停歇。他用他的慧眼,找出设备缺陷攻克点,改造,再改造。他用他的双手,破解世界难题,创造,再创造!宝钢技能专家王军,带领他的团队,用他们骄人的创新成果,无数次书写宝钢技术、中国制造。

全国十大杰出青年岗位能手、上海市十大工人发明家、全国技术能手、上海市五一劳动奖章获得者、上海市劳动模范、全国五一劳动奖章获得者、全国劳动模范……一个个响当当的头衔,一个个金灿灿的光环。当人们惊讶于这些荣誉与一名普通的工人画上等号的时候,他又登上了国家科技领域的最高领奖台,捧回国家科技进步二等奖的大红证书。

他,就是宝钢股份技能专家王军。

从一名极其普通的岗位辅助工,逐渐成长为新时代的技术工人,王军在现场摸爬滚打 30 多年,他不受岗位局限,用自己不懈的努力,去追求人生的价值和高度,走出了一条不平凡的成才和创新道路。

王军是个创新奇才,只要在生产线上发现设备的缺陷,他就能很快找到创新点,找到解决问题的方法。他在创新的道路上奔波了 30 多年,申报国家专利 208 项(已受理 186 项,其中授权 168 项),申请 PCT 国际专利 12 项(已受理 12 项,其中授权 8 项),获国家软件著作权 2 项,获宝钢技术秘密认定42 项,而且还创造了创新应用零失误的记录。

王军三大类创新项目之一的"层流冷却关键装备技术"解决了一个世界级行业难题。传统工艺已不能完全满足高品质钢板的质量和精度要求,王军历时10年,完成了"高成材率节能环保热轧层流冷却成套技术装备"1~4代的研发。该项目在节能和环境保护方面效果显著,平均提高热轧带钢成材率0.8%、节水36%、节电25%以上。项目成果全面应用5年来,设备运行稳定、可靠,累计创造直接经济效益5.15亿元,至今已获得国家发明专利授权28项、国际专利授权6项、国家发明金奖2项、国际发明金奖1项等。该项目具有完全自主知识产权,彻底改变了以往此类核心装置长期依赖进口或仿制外国产品的局面,实现了由空白到国际领先水平的跨越式提升。

王军坚持理论学习与技能提升相结合,1996年考入同济大学夜大,经8年业余学习,2003年获钳工高级技师证书,2004年获本科学士学位。王军立足岗位创新、挑战行业技术难题,

利用业余时间参加上海知识产权服务中心、宝钢人才开发院等各类培训学习,提升持续创新能力,从一名剪刃工成长为宝钢技能专家。王军探索岗位创新、促进成果应用,所辖区域设备热轧2050产线相关指标处于行业领先水平,10余项创新成果先后获上海市优秀发明选拔赛金奖、全国发明展览会金奖、宝钢重大科技成果奖、中国国际发明展金奖和第111届巴黎国际发明展列宾竞赛金奖。王军以学习与创新为人生坐标,积极主动参加技术传帮带活动和创新方法的传播,业余担任王军创新室负责人、宝钢员工创新活动基地创新指导志愿者和8家员工创新工作室导师,负责编写了近15万字的创新培训教材,每年承担技师和创新骨干培训任务近40次,培训人数超过3000人。王军作为宝钢员工创新活动指导志愿者,足迹遍布宝钢,带领更多工人走上岗位创新的道路,据宝钢人才院统计,王军近6年完成的培训人数就达1.6万人,在他周围形成了一支创新业绩和能力突出的蓝领创新团队。王军肩负重任,通过王军

创新室发挥更大作用,建成创新攻关工作点,构成创新培训工作线,形成创新指导工作面,

结成创新交流工作网,以"敢为人先、勇于创新、无私奉献"的精神,带领旗下的职工发明创造协会(已成立16年)和青年发明创造协会,实现了"出成果、出效益、出人才"的工作目标,发挥了创新的引领、示范、指导和攻关作用。他所在热轧厂连续12年位于宝钢创新排行榜榜首。

在新的人生起点,王军想到的是如何用自己微薄的力量去影响更多的人,让他们也走上学习创新和岗位成才的道路。王军在一份发言稿中写道:"岗位创新和创新指导是我们志愿者一辈子追求的价值。乐于创新指导的实践——一个舞台,一种文化,一分收获;甘于崇尚价值的使命——一个梦想,一种奉献,一份激情!"

王军常说:"一人进百步,不如百人进一步。"他与他的蓝领创新团队,正成为新时期中国工人的一个标杆。

摘星之旅

★ 2000年获上海市工业系统"'学李斌'先进青年"称号、宝钢集团公司"新长征突击手"称号、宝钢集团公司"青年岗位能手标兵"称号

★ 2001年获团中央授予的"全国十大杰出青年岗位能手"称号

★ 2002年获第九届上海市"十大杰出青年"提名奖、宝钢集团公司"自学成才"一等奖

★ 2003年获上海市第五届"十大工人发明家"称号、上海市第五届"三学状元"称号、宝钢股份公司"优秀共产党员"称号、宝钢股份公司"曾乐创新奖"

★ 2004年获第七届"全国技术能手"称号、宝钢股份有限公司"金牛奖"

★ 2005年获宝钢集团公司"金牛奖"和"宝钢优秀共产党员"称号

★ 2006年获国资委"中央企业知识型先进职工标兵"称号、上海市政府第五届"发明创造专利奖"、上海市"五一劳动奖章"

★ 2007年获2004—2006年度"上海市劳动模范"荣誉称号

★ 2008年"王军创新小组"荣获全国总工会和上海市总工会授予的"全国工人先锋号""上海市工人先锋号"荣誉称号;

王军获全国总工会授予的 "全国五一劳动奖章"

★ 2009年"王军创新小组"获国资委"中央企业先进集体"称号；上海市政府和总工会授予王军2008—2009年度"上海市突出贡献技师"荣誉称号

★ 2010年获国务院授予的"全国劳动模范"荣誉称号

★ 2011年获中共上海市委宣传部、上海市精神文明建设委员会办公室授予的"光荣与力量——感动上海年度十大人物评选"年度人物提名奖；获中央宣传部、中央文明办、总政治部、全国总工会、共青团中央和全国妇联授予的第三届全国道德模范提名奖

★ 2012年获上海市振兴中华读书指导委员会、上海市总工会、上海市精神文明建设委员会办公室授予的第四届"上海市群众性读书活动十大明星"称号

★ 2013年获2012年度国务院政府特殊津贴

★ 2014年获国家人力资源和社会保障部批准建立国家技能大师工作室

★ 2015年被评为央企道德模范，获上海市科技精英提名奖、第五届全国道德模范提名奖；王军创新室被评为全国机械冶金建材系统示范型职工（劳模）创新工作室

★ 2016年获第十三届中华技能大奖，被评为首届上海工匠、2015年度上海劳模年度人物

大师工作室
DASHIGONGZUOSHI

王军创新工作室以"出成果、出效益、出人才"为工作目标;以"立足岗位为基、自主创新为本、带头带动为责、奉献企业为荣"为工作原则;以"建成创新攻关工作点、构成创新培训工作线、形成创新指导工作面、结成创新交流工作网"为工作任务;以"敢为人先、勇于创新、无私奉献"为工作宗旨,引领群众性科技创新工作年年都上新台阶、年年都有新贡献。

一、充分发挥职工岗位创新孵化器的重要作用

王军创新工作室立足职工岗位创新,探索创新孵化方法,充分发挥创新工作室的引领、带动作用。通过编制《创新快速入门》手册、开展"创新辅导日"和"创新大篷车"等活动,

王军创新工作室每年负责和参与近40次活动,有3000余名员工受益。王军创新工作室不仅接纳本厂员工的创新辅导,还热情接待来自全国不同行业的创新交流活动。

为激发青年技术人员的创新激情,发挥他们的聪明才智,王军创新工作室旗下的青年发明创造协会吸纳了43位青年技术人员加入孔利明式科技创新小组,为青年技术人员的成长发展奠定了基础。27个孔利明式科技创新小组199人完成专利55.14件(其中发明专利36.08件),技术秘密113.2项,职工创新小组取得经济效益5898.35万元。

二、固化创新工作制度,充分发挥传、帮、带辐射作用

王军创新工作室由宝钢股份热轧厂工会负责创建与规范化运行工作,在工作室设立、设备配备、人员安排、资金落实、技术推广、技术协作等方面负责协调、创造条件、提供便利,提供了用于工作室团队相对固定的创新活动场所和开展创新活动必需的设备设施。

王军创新工作室按照"三拥有、三建立、二明确、三上墙"的要求开展工作和活动。三拥有:有固定活动场所,有一支骨干团队,有专项经费;三建立:建立工作制度,建立活动制度,建立档案制度;二明确:明确项目任务,明确活动经费来源;三上墙:规章制度上墙,格言愿景上墙,成员照片上墙。

王军创新工作室通过传、帮、带,使技艺技能得到传承,3年来为企业和社会培养了750名以上青年技术技能骨干,编写了内部培训教材近15万字,每年承担技师、创新骨干、宝钢青苹果和宝钢OTM(顶级操作训练营)培训班等的培训任务近 40 次、超过 3000 人。

在创新创优方面，王军创新工作室进行技术革新和技术改造，取得了显著的社会效益和经济效益。在科技成果转化方面，王军创新工作室对科学研究与技术开发所产生的科技成果进行后续试验、开发、应用、推广直至形成新产品、新工艺、新材料、发展新产业等，使科技发明、创新成果转化为现实生产力并有较高的实用价值。王军创新工作室圆满完成年度目标设定专利 30 项/年以上、实现各类效益超 2 亿元，2013 年主要成果合计效益 29939 万元，2014 年主要成果合计效益 29245 万元，2015 年主要成果合计效益 28876 万元。

企业介绍
QIYEJIESHAO

宝钢股份热轧厂始建于 20 世纪 80 年代末，目前在职员工 900 多人，拥有三条生产线，分别是热轧 2050 产线、1580 产线和 1880 产线。

热轧 2050 产线于 1989 年 8 月建成投产，主体设备为 20 世纪 80 年代从德国成套引进的设备和工艺，采用了 20 世纪 80 年代国际热连轧机各项成熟的技术，设计年产量 450 万吨，主要生产品种有低碳钢、结构钢板、汽车结构钢板、船体结构钢板、耐腐蚀结构钢板、机械结构钢板、压力容器用钢、管线用钢等。

热轧 1580 产线于 1996 年 12 月建成投产，主要设备从日本三菱引进，采用了合作设计、合作制造两种方式。该机组采用了当时世界先进的定宽侧压机等热轧十大新技术、新工艺，设计年产量 280 万吨，主要产品有热轧低碳钢、一般结构钢、焊接机构用钢、钢管用带钢、机械结构用钢、汽车结构用钢、集装箱用钢、镀锡板用热轧钢卷和无取向硅钢等产品。

热轧1880产线于2007年3月建成投产,由宝钢自主集成、开发、设计,为了满足1880热轧新产品的工艺要求和项目建设的总体定位,主轧线采用十大新技术和18项新装备,设计年产量370万吨。

本生产线产品除常规产品外,主要生产高牌号无取向硅钢、普通取向硅钢和高磁感取向硅钢、热轧相变强化高强钢、热轧低合金高强钢等战略产品。

工匠精神宣传丛书

中国制造"太空之吻"缔造者：

王曙群

　　荣誉并不是我一个人的，应该是我们对接机构总装这个团队的。这些荣誉将促使我在后续的职业生涯中加倍努力地工作，用成功感谢那些肯定我的领导和同事。

个人简介
GERENJIANJIE

王曙群,男,汉族,中共党员,上海航天设备制造总厂钳工特级技师,中华技能大奖获得者。

王曙群是目前国内唯一的载人航天对接机构总装组组长,中国航天最年轻的特级技师。他先后申报专利6项,授权4项,是对接机构技术国家专利主要发明成员之一。王曙群在探月工程的月面巡视探测器以及载人航天三期工程项目中,引领项目团队开展技术创新和攻关活动,成功对探测器轮毂结构进行改进创新,解决了振动后轮毂开裂问题;研发高精度专用测试设备,解决了机构性能测试难题;自制专用夹具,保证了机械臂装调精度。

王曙群作为中国航天科技集团公司第八研究院（简称"八院"）的第一届装配领域的首席技师，先后带徒多名，目前已培养出1名高级技师和3名技师。他认真总结多年来积累的经验及教训，固化成书面材料，编制成青年工人培训教材，把自己的绝技绝活毫无保留地传授给他人。他还善于总结积累，固化成果，先后完成15篇论文，两次获八院技术论文一等奖。

载人航天工程

20世纪70年代初，中国第一颗人造卫星"东方红一号"成功发射后，国防部第五研究院院长钱学森提出，中国要搞载人航天，并将飞船命名为"曙光一号"。进入20世纪80年代，中国空间技术得到长足发展，具备了返回式卫星、气象卫星、资源卫星、通信卫星等各类卫星的研制及发射能力，为中国开展载人航天技术研究打下了坚实基础。1986年3月3日，我国著名科学家王大珩、王淦昌、杨嘉墀、陈芳允联合提出"关于跟踪研究外国战略性高技术发展的建议"，制订了中国高技术研究发展计划，即"863计划"，中国载人航天事业由此起步。1992年1月，中国政府正式批准载人航天工程立项，简称"921工程"，确定了载人航天"三步走"的发展战略。

第一步：发射无人飞船和载人飞船，建设初步配套的试验性载人飞船工程，开展空间应用实验。

第二步：突破载人飞船和空间飞行器的交会对接技术，发射一个8吨级的空间实验室，解决有一定规模的、短期有人照料的空间应用问题。

第三步：建造载人空间站，解决有较大规模的、长期有人照料的空间应用问题。

目前，已成功实现了"三步走"的前两步，正在进行空间站工程的研制，预计2020年左右建成我国独立自主研制的空间站。

探月工程

1962年起，我国科学家就开始对月球号、徘徊者、勘测者、月球轨道、阿波罗等月球系统探测器进行跟踪与综合性研究，1994年提出真正意义上的探月构想，2000年我国政府首次公开航天白皮书——《中国的航天》，明确了近期发展目标包括"开展以月球探测为主的深空探测预先研究"。2001—2002年，孙家栋院士组织全国各方面力量，对首期目标进行了为期一年的综合论证，最后得出结论：科学目标明确、先进，技术能够实现，没有颠覆性的技术问题。

2004年1月，中国政府正式批准月球探测工程立项，命名为"嫦娥工程"，拉开了月球探测的帷幕，探月工程是中国航天事业继人造卫星、载人航天之后的第三个里程碑。

"嫦娥工程"分为"绕、落、回"三个发展阶段。"绕"是指发射月球卫星，实现环绕月球飞行探测；"落"是指发射月球探测器，在月面软着陆探测，并进行巡视勘察任务；"回"

是指发射月球探测器,到月面采样月壤并通过月面上升返回地球。

目前,已顺利完成了探月工程一期绕月飞行以及探月工程二期月面巡视勘察任务,正在进行探月工程三期任务研制,预计2017年进行月面采样返回试验。

成长经历
CHENGZHANGJINGLI

王曙群,1970年6月出生于上海,1989年参加工作以来,已经在航天装配领域工作了20多年。他带领团队克服了重重困难,攻克了多项关键技术,练就了"精、新、准、快"的绝技绝活,带出了一支技术过硬的载人航天总装队伍,成长为载人航天工程总装战线上的领军人物。

"没有对接机构,就没有我的成长。"

首次交会对接任务圆满完成后,王曙群作为总装工人代表被很多人熟知。面对获得的诸多荣誉,他说:"荣誉并不是我一个人的,应该是我们对接机构总装这个团队的。获得这些荣誉将促使我在后续的工作中加倍努力地工作,用成功感谢那些肯定我的领导和同事。"

1989年,王曙群从技校毕业后参加工作,从事工装模具的装配、维修工作。没有高的学历,有的只是踏踏实实的工作态度:拧紧每一个螺钉,装配完成好每一件工装产品,确保不因工装问题影响产品生产。在平淡的工作中,他不断地学习与提升技能,他在晋升中级工时获得全厂第二名的好成绩,这也促使他能够跻身参加工厂举办的第一届高级工培训班,实现了他在技能晋升上的一个重大转折点。他说:"1996年举办的高级工培训班有个规定,要工龄在10年以上才能参加,我当时才工作7年,正是中级工考试中获得的全厂第二名的好成绩,才使我能够破格参加了培训班,在培训过程中正好赶上对接机构产品研制,新的任务、新的技术促使我带着问题学,把学习的东西用于实践,并开始撰写一些技术论文,走上技能提升的新轨道。"接着的高级工、技师、高级技师,再到2006年的特级技师,2011年的八院首批首席技师,就这样凭着在对接机构总装过程中解决问题、完成任务、申报专利等成绩,王曙群在技能领域登上了一个又一个的新台阶。

从一般的工人到中华技能大奖获得者,王曙群赢在了他的实践基础上。他是个善于动脑、动手的人,在对接机构研制过程中,他牵头研发了50多台(套)专用装备,使对接机构总装周期从3个多月缩短至40天。其中最为典型的是丝杠安装座的三维尺寸装调定位工装装备。使用该工装装备前的整个手工装调过程需要3周左右,但在采用王曙群研发的专用装备装调后,仅用1周就能完成,效率整整提高了3倍。正因为他不仅操作技能高超,而且具备自主研发能力,因此连他的师傅单培林都笑称他的这个徒儿是个"双料特级技师、智能型技术工人"。

"16年前的初次接触,谁也不知道它会有如此的成功与辉煌。但没有对接机构,就没有我的成长。"说这些话的时候,王曙群俨然忘记了16年攻关路的艰辛与付出,他把他所得的成就归于对接机构,一路上他与对接机构共同成长。

"攻关的路虽然漫长,但我们终究是胜利了。"

对于实施交会对接任务来说,最关键的还是12把锁钩,每把可产生3吨的力,12把共产生36吨的力。正是这些力大无比的锁钩在交会对接时将目标飞行器牢牢抓住并锁定。

40多岁的王曙群,与对接机构打了十几年的交道,按照他的话说,刚开始接触对接机构装调时,感觉没啥难的,自以为一定能在短时间内做出来。但随着时间的推移,遇到的问题越来越多。王曙群说:"当时遇到的问题都是从未遇到过的,有时出了问题归零都不知从何入手,感觉越来越难,甚至对自己的工作产生了怀疑,这个东西太难了,到底能不能做出来?"尤其是在装配对接机构中12把对接锁的过程中,让他着实费了一把劲。这12把锁是对接机构中的关键部件,为保证对接、分离成功,不但相关各舱室的气体不能泄漏,舱与舱之间也要"天衣无缝",而且对接时必须保持平稳、牢固,不能剧烈晃动。

因此，12把锁的锁钩必须实现同步锁紧、同步分离，这就好比在太空中"拧螺丝"。为了做到这两个同步，他带领他的团队在装配过程中边装配、边调整、边试验。

经过多次试验发现，分离姿态与设计要求产生了严重偏差，而且这种偏差毫无规律可循。从那天起，他便和这个问题较上了劲。为了早日攻克这一难题，他走路时想、睡觉时想，有时在饭桌上还会情不自禁地用手比画，家人都以为他中了什么"邪"。记得有一次周日，他在车间里加班，外面下着滂沱大雨，这时他的手机响了，是他爱人让他加班结束后去接一下正在补课的儿子，他手里拿着电话，脑子里还在想着装配的事，心不在焉地对着手机说："知道了！"说完又忙起了手里的工作。可是当他加完班，两脚刚跨出厂门口时，突然没有了方向，他心里不禁嘀咕起来："我该到哪儿去接儿子呢？"

在那段日子里，他经常是一天待在家里的时间不足8小时，对此家人也时常抱怨。他总是和家人说："我是在完成一项国家重点任务，责任重于泰山，作为航天人，这是我义不容辞的责任。"

就这样，通过近一年的反复试验、摸索，他终于发现锁钩采用钢索传动在大载荷下钢索会变长，张力会下降，导致锁钩无法实现同步解锁。找到了问题的症结，他马上提出了改变钢索旋向以及对钢索进行预拉伸处理的工艺方案，同时将判断锁钩同步性的测量方法进行调整，一举解决了困扰对接机构团队近两年的对接锁系同步性协调的难题。用王曙群自己的话说："攻关的路虽然漫长，但我们终究是胜利了。我曾经也失败过、气馁过，但最终还是航天精神激励了我，使我毫不犹豫地选择了坚持、咬紧牙关、坚守信念、想尽一切办法、克服重重困难，经过多年的不懈奋斗，在保证产品研制时间节点的同时，确保了对接机构的最终质量，直到 2011 年 11 月 3 日凌晨，我们生产的对接机构在茫茫太空中圆满完成了'神舟八号'与'天宫一号'的第一次拥抱，这时距离我们开始研制生产对接机构已经过去了整整 16 个年头。"

16 年攻关路虽漫长，但一路上，有了与困难做斗争的心，再多困难都会迎刃而解。

"越临近发射，越疯狂。"

对接机构中的每一套单机都必须经过各项试验，合格后才能进行总装，其中有 10 大类 31 套单机还需经过热循环试验的考核。一次热循环就需 37 个小时的连续试验。为了保证试验的连续性和测试数据的准确性，王曙群带领他的团队每次都坚持连续工作 37 个小时，每到半夜瞌睡来袭时，他们就用冷水擦一把脸；饿了，就啃几块饼干。就这样，31 套单机他们做了

31次试验,每次连续工作37个小时。

光做单机试验的工作量尚且如此,整个对接机构试验的工作量就更不用说了。可就在"天宫一号"发射前,当大家刚要为完成前一阶段的工作稍放松一下的时候,对接机构在进行最后一项热真空试验过程中,发生了无法解锁分离的问题。该问题惊动了所有研制线上的技术人员,因为问题如果不在短期内解决,不仅经济上造成巨大损失,更会直接影响"天宫一号"的发射计划。技术人员经过分析后,列出了所有故障模式,但一时无法判断问题根本。他们把最熟悉对接机构的王曙群请到了现场,了解故障现象后,他想,这个时候,我必须比谁都冷静。通过系统分析后,他沉着地列出了所有故障的可能性,逐一分析、排除,很快将问题定位在锁驱动中的一根传动轴上,判定该轴已经断裂,是由于试验设备过载造成,后来也得到了事实验证。故障得以迅速排除,"天宫一号"如期发射。

"天宫一号"发射成功后,等待"神舟八号"与它进行首次交会对接。等待的那些日子,牵动着每一个关注交会对接人的心,能不能顺利对接?能否正常分离?在"神舟八号"发射前,生产任务比较繁重,"神舟十号"和备份件的对接机构,以及月球车等产品的装配、试验,班组里每个人都在超负荷工作。他说:"越临近发射,越疯狂。一方面是内心很关心马上要接受考验的对接机构,一方面是每天的加班加点。"何为疯狂,他补充道:"每天在小组里工作到九点多回家,第二天按时上班时毫无倦怠的感觉,每个人就像'打了鸡血'一样,很是兴奋。"

为释放强大的压力,让自己忙一些未免不是个好办法。王曙群坦言,每天他只有全身心地投入到工作中去,才能让自己少想一点对接机构的事。但即便如此，好几个夜晚，他还是梦到了两个飞行器对接时的情景。他说："执行交会对接任务，是对我们生产的对接机构进行最大考验的时候，就像家里的孩子读了十几年书要参加高考了一样，没有高考之前，虽然是一千次、一万次的模拟，但还是会怀疑地想是不是每种状态都考虑到了，是不是还有什么没有想到的问题，毕竟16年的付出在此一搏。"

首次交会对接以及首次载人交会对接的成功，与王曙群的倾心倾力是密不可分的。

"这下你可以安心地睡一觉了。"

谈及"疯狂"的工作势必会减少对家庭的关心与照顾这一话题时，王曙群说："这肯定有吧，毕竟儿子长这么大，自己管得很少。孩子上小学前，是父母帮着照顾，孩子上小学了是丈人、丈母娘帮着照顾。无论是生活还是学习，我都关心得很少。"对于妻子的态度，他如是说："她是有些抱怨，但随着我的工作不断地被肯定，她越来越习惯我的'不着家'，越来越习惯我偏执于我的工作，越来越明白对接机构在我心里的位置。"

在单位工作，王曙群不是一个人在战斗，他有他的对接机构总装团队；在家庭生活方面，他也不是一个人，他有着帮助他照料孩子的父母，还有虽有"抱怨"却打心眼里支持他的妻子。在直播首次交会对接任务那天，他与同事们在一起观看直播，在交会对接成功后，他的妻子第一时间发来短信："这下你可以安心地睡一觉了。"没有很大的赞扬，没有很强烈的喜悦，只是淡淡的一句关怀。因为，对于临近发射的压力、深夜的辗转反侧，只有他的妻子最了解。

他说，在家的时候，他从不说工作上的事，但在2010年和2011年上半年，对接机构在试验中出现了一些问题，他总是保持24小时开机。好多次，因为晚上有人打来电话，他妻子也被电话吵醒了，因此他有些过意不去。后来，每次睡觉前，他总把手机调到振动状态放在枕头旁边。有一次，凌晨2点，放在枕头旁边的手机振动了，但由于连续的加班加点，他睡得有点沉。他妻子听到后，拿起电话，看着熟睡的丈夫，她有些于心不忍，但她又不得不叫醒他。一番心理挣扎后，她还是推醒了丈夫。王曙群接了电话听说某个产品在试验过程中出了问题，便马上穿好衣服准备赶到厂里。此时的妻子没有多说什么，只简简单单地说了声："路上小心！"王曙群说，那段时间，妻子没有什么抱怨，只有对自己格外的照顾。

的确，家人对自己工作的支持，莫过于对工作无尽投入时的默默允许，莫过于在面对难题与压力时给予关心与照顾，莫过于在任务成功时有她与自己一起分享。一路上，有她同在！

"只许成功，不能失败"是每个航天人的铮铮誓言。16年的风雨兼程，16年的坚守阵地，16年的酸甜苦辣，16年的成功渴望。在将近6000天的日日夜夜里，尽管在研制过程中，王曙群与他的团队碰到过难以想象的困难，遇到过许多曲折和坎坷，作为对接机构总装组组长的他比别人要承受得更多，但他从来没有说放弃，从来没有产生过打退堂鼓的想法。16年的艰辛与付出换来了一次次完美的对接瞬间，16年的翘首与期盼换来了航天员在太空中的挥手与微笑，16年的攻关与战斗换来了作为航天人的骄傲与自豪。

只有面对困难不低头，风雨之后才能见彩虹。对接机构的成功来之不易，王曙群用他的双手，书写了精密装配的神话，树起了他作为"智能型工人"的良好形象，助力航天事业新的跨越。他用"严慎细实"的工作作风诠释着"海纳百川、追求卓越、开明睿智、大气谦和"的上海城市精神；他用他对航天事业的这份执着与奋斗诠释着上海价值取向中的"责任"二字；他用他的开拓与进取为我国建立中国人自己的空间站和实现航天强国梦奉献着一份力量。

摘星之旅
ZHAIXINGZHILV

★ 2006 年获八院钳工技能竞赛第一名

★ 2006 年被评为八院技术能手

★ 2007 年被评为上海市技术能手

★ 2008 年获八院钳工技能竞赛第三名

★ 2008 年被评为八院技术能手

★ 2008 年被评为中国航天科技集团公司航天技术能手

★ 2009 年获中国航天基金奖

★ 2010 年获集团公司航天技能大奖

★ 2011 年荣获"中国载人航天突出贡献者"称号和"全国技术能手"荣誉称号

★ 2012年荣获中华技能大奖

★ 2013年获第九届上海市"十大工人发明家"称号

★ 2015年享受国务院政府特殊津贴

★ 2016年获上海市五一劳动奖章

大师工作室

  2011年3月,王曙群被聘为上海航天局首批技能大师,7月成立"王曙群技能大师工作室",从事航天机构精密装配、装配标准化、装配可靠性、多功能高精测试及测试稳定性专业研究,现主要承担空间对接机构、月球车、机械臂等宇航产品的装调工作。2012年工作室被评为中国航天科技集团公司级技能大师工作室和上海市级技能大师工作室,2013年被评为国家级技能大师工作室。

  工作室现有成员20人,分设顾问组:负责跟踪前沿科技,策划工作室发展方向的研究,规划工作室的核心竞争力;攻关组:负责对各类生产瓶颈问题组织工作室成员进行技术攻关及经验总结;培训组:负责本专业的青年工人技能水平提升培训工作、火箭(导弹)实训基地培训工作及组织技能竞赛活动;管理组:负责工作室成员资格认定,年度计划制订实施、过程检查及考核,负责推优奖励工作。

  2012年工作室承担了上海市导弹(火箭)总体装配高技能

人才实训基地项目建设,通过持续建设提升,工作室培养出国家级考评员 1 人、上海市考评员 6 人、院级内训师 3 人、院级技能竞赛指导专家 2 人、厂级内训师 2 人,逐步完善了师资队伍结构,提升了师资水平。2013 年,工作室完成"火箭总体装配工鉴定题库"建设,并通过上海市职业技能鉴定中心评审,基地具备每年 30 名装配工等级鉴定能力,近三年为企业培养 9 名技师、42 名高级工。

工作室牵头开展先进制造模式研究,优化空间传动机构工艺布局,完成空间机构单元制造方案,并通过航天科技集团评审并实施,提升对接机构总装生产效率 40%;"提高对接锁的运动精度"QC(质量控制)活动,将对接锁的测试合格率从原先的 55% 提高到 90%,工作室被上海市评为"优秀质量管理小组";"提高月面巡视器桅杆驱动机构摩擦阻力矩测试

的一次合格率"QC攻关,将装配合格率由原先的87%提升至100%,被授予"国优"称号。工作室先后有1人获上海市科技进步二等奖;先后完成12项集团公司级和局级技术攻关项目,为企业做出了突出贡献。

企业介绍

上海航天设备制造总厂隶属于中国航天科技集团公司第八研究院,前身为上海新民机器厂,由著名爱国民族工商企业家、全国人大原常委会副委员长胡厥文先生于1921年创办,是我国唯一集运载火箭、空间飞行器和战术武器地面系统产品制造、总装测试和发射场服务于一体的国有综合型航天骨干企业。

企业从1969年开始从事运载火箭的研制生产。目前,主要承担"长征二号丁""长征四号乙""长征四号丙"系列以及新一代运载火箭"长征五号""长征六号"的研制生产任务。"长征二号丁"和"长征四号乙"火箭先后被中国航天科技集团授予"金牌火箭"荣誉称号。在载人航天工程(又称"921工程")研制任务中,企业主要负责神舟飞船推进舱、天宫目标飞行器资源舱、空间对接机构、太阳电池翼等重要产品的生产及总装任务。企业总装的产品("神舟一号"到"神舟十号"以及"天宫一号")在历次飞行试验中均取得了圆满成功。企业还承担了我国多种现役及预研型号战术武器系统地面(舰面)发射控制设备、发射车、维护设备等产品的研制生产任务。在卫星及深空探测领域主要承担了我国民用气象卫星系列、军用卫星系列和探月工程中的月面巡视探测器、轨道器等复杂机构产品的研制及配套生产任务。

近年来，上海航天设备制造总厂以"发展航天事业、建设航天强国"为己任，在圆满完成各军品型号科研生产任务的同时，坚持"以军促民、军民融合"发展方针，在高端民用装备、宇航地面设备、军用核心部件三大领域努力发展具有自主知识产权产品的航天技术应用产业。上海航天设备制造总厂成功研制国际首台填充式机器人搅拌摩擦点焊设备，建成了规模大、能力强的搅拌摩擦焊研究应用基地；成功研制国内首台摩擦铆接装备，适用于大批量、规模化的高速装配，在汽车、航天航空等领域拥有广阔的应用前景；成功研制国内首台复合材料铺丝机及金属打磨机器人，并与中科院等离子体物理研究所、芬兰拉普兰塔理工大学成立了"航天先进制造联合实验室"，专门从事特种机器人研制开发；成功将航天阀门先进技术应用于民用产业，开发了各类截止阀、高低温阀，逐渐实现进口阀门的国产化替代；成功研制航天首台双激光3D打印装备，并成为上海市增材制造协会会长单位，搭建平台，促进上海市增材制造产业发展。

企业坚持发展具有宇航特色的先进制造技术，依托雄厚领先的核心技术，构建了"十大制造中心"（精密构件制造中心、热表处理中心、特种焊接中心、电装调试试验中心、空间机构制造中心、宇航产品总装总测中心、武器系统地面装备总成中心、特种装备研制中心、理化计量与环境试验中心、复合材料中心），在大型构件精密数控加工、热表处理、特种焊接、系统集成总装总测、电装调试试验、复合材料加工、高端工艺装备研发等领域的技术能力处于国内领先地位，先后被认定为国家企业技术中心、国家高新技术企业、国防科技工业特种焊接先进技术研究应用中心、上海市航天工艺装备中心。

  企业坚持以人为本，培育了高素质的技术、技能、管理人才队伍，夯实了企业可持续发展基础。企业现有职工1400余人，工程技术人员600余人；拥有硕士及以上高学历人员200余人，其中博士、博士后27人；享受国务院津贴7人，集团公司级专家6人，省部级以上技术能手46人、特级技师9人；特聘2名院士担任企业高级技术顾问。企业获得全国五一劳动奖状，先后被评为中国载人航天工程突出贡献集体、载人航天先进集体、全国安康杯优胜单位、全国职工模范之家、全国厂务公开民主管理先进单位、全国质量管理先进企业等，连续11次被评为上海市文明单位。

在隧道中亮剑的"李云龙"：

李鸿

宝剑锋从磨砺出，梅花香自苦寒来，以责任心、创新心、进取心对待每一天的工作，使自己成为一名隧道工匠。发扬拼搏奉献、争创一流的精神，将隧道施工技艺薪火相传，将中国盾构推遍世界。

个人简介

李鸿,男,1963年5月出生,中共党员。1981年9月—1983年7月在上海市隧道建设公司技校学习;1983年7月—1984年1月在上海隧道工程有限公司隧道第二工程处做施工队机修工;1984年1月—1986年3月任金山石化排水隧道工程顶管推进班副班长;1986年3月—1988年3月任石洞口电厂进排水隧道工程顶管推进班班长;1988年3月—1991年3月任市南电缆隧道工程盾构推进班班长;1991年3月—1992年5月任吴泾电厂排水隧道顶管推进班班长;1992年5月—1993年1月任地铁一号线盾构设备安装、推进队副队长;1993年1月—1993年10月任外高桥电厂进排水隧道工程盾构设备推进二队副队长;1993年10月—1994年10月任地铁一号线7号土压平衡盾构现场调试组组长；1994年10月—1996年10月任延安东路南线隧道盾构设备调试、推进队副队长；1996年10月—1998年12月任地铁二号线隧道土压平衡式盾构现场总装组组长；1998年12月—2000年2月任外滩观光隧道工程盾构设备调试、推进队队长；2000年2月—2000年10月任苏州河污水处理B9标工程顶管设备调试、推进队队长；2000年10月—2001年7月任地铁一号线上海火车站—汉中路区间隧道盾构推进队队长；2001年7月—2003年12月任国家"863项目"国产化重大装备盾构掘进机研制攻关小组副组长；2003年12月—2006年5月任上中路越江隧道直径14.87米泥水平衡盾构安装、推进组副组长；2006年5月—2008年5月任长江隧道工程直径15.43米泥水平衡盾构推进组组长；2008年5月—2009年3月任打浦路越江隧道复线工程直径11.22米泥水平衡盾构安装、推进组组长；2009年3月—2010年6月任外滩隧道工程直径14.27米盾构推进、风控组组长；2010年6月—2011年6月任虹桥机场迎宾三路隧道直径14.27米土压平衡盾构推进组组长；2011年6月至今任上海虹梅南路隧道直径14.93米泥水平衡盾构、长江西路隧道直径15.43米泥水平衡盾构、珠海马骝洲交通隧道直径14.93米泥水平衡盾构、武汉

三阳路长江隧道直径 15.76 米泥水平衡盾构、宁波地铁 3 号线矩形盾构设备总装、推进、风险控制现场组组长；2013 年 10 月至今承担上海市高技能人才培养基地隧道公司实训基地隧道工（技师）培训教材与鉴定题库开发工作，任隧道职业技能培训中心"地下掘进装备研发应用"实训课程特聘导师。

行业科普

管涵顶进

　　管涵顶进是在保持开挖面稳定的前提下，把预制好的涵箱体顶推到位的施工方法。隧道等地下工程常采用此施工方法。在不中断行车的情况下，在既有线路旁挖一顶推井，井内预制箱涵，再用大功率千斤顶组将箱涵推入地面下方指定线路，进入接收井口即成地下通道。

　　目前，地下工程建设主要依靠盾构掘进机和顶管机设备，管涵顶进工的工作已从最初主要依靠人工开挖转变为借助高精尖的智能地下掘进机完成地下工程的施工。要求作业者必须掌握机械、电气、工程测量、PLC（可编程序控制器）技术、液压等多专业的操作技能，从而实现人机结合，高效、高质地完成地下工程施工。

成长经历

　　李鸿被评为全国技术能手、上海市十大杰出技术能手，曾荣获国家级科技进步奖、上海市科技进步奖，国家授权发明专利9项、实用新型专利3项，被评为上海市职工科技创新标兵、上海市政行业标兵，享受国务院政府特殊津贴。

李鸿同志以"工匠精神"扎根隧道事业30多年，成为该领域的技能型首席领军人才，为国产盾构推向全国、走向国际、实现"中国制造2025"规划做出了极其重要的贡献。

情系盾构，自主装备零的突破

为了突破洋盾构一统天下的局面，国家把研发国产盾构"863项目"课题交给了隧道股份。怀揣着能驾驭国产盾构机梦想的李鸿，参加了盾构机国产化的研发。他依据十几年操作经验提建议、补短板、攻难关，一年后，具有自主知识产权的首台国产盾构机历经磨难终于下线，他驾驭国产盾构机掘进获得成功，并一举获得22台盾构机的订单。李鸿

在实践中积累了盾构掘进的大量数据，他设计的隧道远程信息智能管理软件系统，成为实现盾构智能化监控和全生命周期维护的独有核心技术。迄今为止，李鸿发明的这一软件系统已为150多台国产盾构机植入了智能化神经系统，突破了国外长期对我国封锁核心技术的局面，振兴了国家装备制造业，为国家

创利近 2.5 亿元，为用户节省了数千万元人民币。国产盾构机已走出国门，先后出口新加坡、印度、香港等国家和地区。该项目荣获国家重点新产品奖、科技进步一等奖。

国家主要领导人高度关注国产盾构研发，多位中央领导先后前往盾构制造基地视察，上海市领导也多次视察隧道工地，希望隧道股份进一步加强科创和研发，尤其是要注重发挥李鸿这样的高技能人才的作用，当好振兴国家重大装备制造业的排头兵。这对李鸿是巨大的鼓舞。

不惧风险，能工巧匠破解难题

勇于挑战，敢做吃"螃蟹"的第一人。2002 年，我国的双圆盾构领域还处于空白状态，李鸿夜以继日带领他的团队先后克服了一系列难题，形成了双圆盾构施工综合工法，使我国成为世界上第二个掌握双圆盾构施工综合工法的国家。在他的带领下，公司超前实施上海市科委"登山计划"，并以国家"863 项目"课题"超大特长越江盾构隧道关键技术研究"为主导，建成了世界上最大直径隧道——上海长江隧道，化解了世界隧道工程史上一系列从未遇到的难题，一举创造三大世界纪录：最长——盾构一次性掘进距离长达 7.5 千米、最大——超大盾构直径 15.43 米、最深——隧道埋深达 55 米，提前了 14 个月实现通车。

2007年,在上海外滩通道建设中,率先采用国内超大型土压平衡盾构(14.27米),近距离穿越百年老桥——外白渡桥、两条运营中的地铁及18幢"老爷爷"级的百年外滩万国建筑群建筑,风险极大。李鸿采用"分类分区"和"对立体出土系统改造"等保护技术,使地面沉降控制在2毫米内,确保了上海标志性建筑——外滩万国建筑群安然无恙,并首创了大直径土压平衡盾构施工工法。这项工程被上海市委领导誉为"心脏搭桥手术",成为隧道建设的经典案例。

燃烧自己,传道解惑责无旁贷

独木不成林!作为隧道股份技师协会会长的李鸿,除了善于学习总结外,还不遗余力地培养新生代人才。他借助企业产学研基地和国家级李鸿大师工作室培养盾构应用专业人才,致力于盾构施工技术攻关、技艺传承、技能推广。多年来,他培养和带教出9名上海市首席技师、7名高级技师、12名技师、20余名高级工。由于他在培养盾构应用人才方面成绩突出,隧道股份被政府有关部门指定为盾构应用型高技能人才培训基地单位。李鸿撰写的培训教材和制定的行业操作规范,经政府权威部门审定,已成为盾构地下施工作业和该工种技能等级鉴定考核的标准。

李鸿坚持在工作中学习,在实践中提升,已逐渐成为业内知名的技能型专家,天津、南京、杭州等城市及新加坡、印度等国家都曾邀他前往破题解惑,李鸿已成为中国盾构走向世界的品牌。

一个个工程奇迹的背后都凝聚了李鸿无数的心血和汗水。屡次打破前人纪录,填补国内空白,他的绝活秘诀不仅是吃苦耐劳的精神,更是善于学习、勇于创新、不折不挠的"匠心"精神。

瞄准未来,科技创新闯出蓝海

2014年,国家推出创新驱动发展战略,李鸿作为科创中心的技术骨干,把目光瞄准了世界前沿的矩形盾构。矩形盾构能在缓解日益拥堵的城市交通中发挥重要作用,不但可以缩短30%施工工期,而且可以将地下有效利用空间增加近一倍,真正实现一次施工、双线贯通。在研发过程中,他研制的"X+T"刀盘,实现了100%全断面切削,隧道轴线控制在毫米级,又一次解决了盾构推进的关键问题。仅仅10个月的时间,一台宽11.83米、高7.27米的世界最大断面矩形盾构机研制成功,在重大装备研发中获得重大突破。如今,李鸿牢牢盯住上海北横通道、武汉三阳路隧道等一批国家重点项目的技术难点,如超大盾构途中对接小曲率转弯、无工作井盾构施工法等新技术的研发。这些技术如获突破，将是隧道建设史上又一个重大里程碑。李鸿常说："我的梦想就是要把我们的盾构推遍世界！"

摘星之旅

- ★ 上海市科技成果——土压平衡盾构施工技术
- ★ 上海市科技进步一等奖——地铁土压平衡盾构的研制与应用
- ★ 上海市科技进步二等奖——超大直径泥水平衡盾构隧道施工关键技术
- ★ 国家科学技术进步一等奖——盾构装备自主设计制造关键技术及产业化

大师工作室

李鸿国家级技能大师工作室成立于2012年，工作室运作至今主要致力于盾构法隧道施工技术攻关、技艺传承、技能推广和科技创新。作为工作室主持人，李鸿身先士卒、求真务实、拼搏奉献，带领着他的团队用激情与汗水为隧道建设事业保驾护航。

1. 攻坚克难，为工程施工保驾护航

2012年9月，在虹梅南路隧道盾构推进过程中，盾构机盾

尾突然发生变形,盾构无法正常推进,而且随时存在安全隐患。李鸿带领工作室两名成员火速赶往工地,查勘现场并分析数据,主动参与专家讨论。会上,李鸿凭借着他多年的施工经验大胆地提出了"弹性变形"方案,但由于施工现场情况较为复杂,在场的技术顾问与业主大部分持不同意见。为了论证方案的可行性,李鸿和工作室成员连夜计算参数,进行模拟试验,经过三天的反复数据测试,李鸿和他的伙伴们用数据向技术顾问和业主递交了一份可行性报告,用数据说服了业主和技术顾问。方案实施后,故障得到及时排除,盾构调整参数顺利推进,为工程赢得了宝贵的时间,得到了业主的一致好评,为企业挽回直接经济损失达200余万元。

2. 实践与理论结合编写操作细则,为实施地下施工标准化管理推波助澜

施工队长出身的李鸿经历了数十条隧道工程项目的洗礼,积累了丰富的一线施工生产经验。他知道施工规范化是确保工程质量与安全的基础。2012年,李鸿带领工作室成员编写了国内第一部盾构施工标准化操作指南《盾构施工操作细则》,帮助操作者在短时期内了解、掌握盾构施工中的注意事项和操作要点，为地下施工作业标准化管理实施提供保障。

3. 绝技传承，培育企业"双师"型复合人才

培养具有一定专业生产、施工技术管理能力，又具有一定专业技能的应用型人才，是李鸿工作室的目标。从2012年至今，李鸿技能大师工作室先后与20余名生产骨干结对，成功带教出高技能人才11名、高级工程师6名、工程师10余名。

4. 走南闯北，工作室堪称"专家会诊室"

李鸿作为一名隧道行业远近闻名的管涵顶进工种技能专家，他组建的工作室坚持深入一线，走南闯北参与多项工程的技术支持工作，被同行称为"专家会诊室"。天津3号线小树林站区间隧道盾构推进过程中，盾尾严重渗漏水，工作室奔赴现场排忧解难。南京纬三路越江隧道大直径盾构设备验收，工作室被邀请作为技术顾问配合甲方验收。印度德里市地铁一期5标的施工技术风险点论证，李鸿工作室被邀亲临现场与外方专家技术交流。新加坡地铁C902标盾构一出洞就停止不前，业主点名要求李鸿工作室进行会诊，为盾构把脉，李鸿带队从源头排查，发挥每个队员的特长，从机械结构到液压电气，从PLC数据校核到施工过程动态监控，对症排故，"手到病除"，得到外方高度赞誉，显示了中国地下施工的实力，为企业在海外市场打开新局面。

5. 大刀阔斧，推陈出新，积极投身技术攻关课题研发

技术创新是企业发展的不竭动力。李鸿工作室成立至今始终关注着国际隧道前沿施工技术。2012年，李鸿带领他的团队联合多家科研院校，深入开展了隧道内光导照明技术、弃浆弃

土回收再利用、长距离隧道盾构地中对接技术、管片快速接头技术、隧道内快速物流运输系统等新技术的研发。同时，工作室还积极参与软土地层承压水降水与回灌技术的课题攻关，为提升中国大直径隧道施工技术献计献策。

企业介绍
QIYEJIESHAO

上海隧道工程有限公司（简称"上海隧道"）始建于1965年，是中国最早开展盾构法隧道技术研发和施工应用的专业公司。

公司拥有市政公用工程施工总承包特级、建筑工程施工总承包一级、公路工程施工总承包一级、机电工程施工总承包一级、隧道工程专业承包一级、公路交通工程专业承包一级、市政行业设计甲级等资质，经营业务包括基础设施投资和设计、施工总承包及运营养护、先进装备制造、混凝土预制等。公司业务遍及长三角、珠三角、京津冀，以及昆明、郑州、武汉、乌鲁木齐等地，还深入新加坡、印度、日本等国际市场，综合实力位居行业前列，是国内最具专业性和发展潜力的建筑企业之一。

近年来，上海隧道从传统总承包商向设计施工总承包商、工程总集成商成功转型，先后投资建设成宁波常洪隧道、上海大连路隧道、杭州钱江通道、昆明南连接线、南京地铁机场线等一批重大基础设施项目。

作为中国地下工程领域的开拓者，上海隧道拥有国家级企业技术中心、国家级盾构工程中心和中国首家施工企业博士后工作站，也是国内为数不多的建筑施工行业高新技术企业，积聚了雄厚的科研实力。近5年来,上海隧道先后承担国家"863计划"等40项国家及地方重大科研课题,获省部级以上科技进步奖76项,形成自主知识产权283项,编制国家级工法17项。

在发展历程中,上海隧道始终秉持为民造福、实现自我的核心价值观,将成为全球一流的隧道及地下空间建设总集成商作

为企业愿景,创下了业内诸多"第一":建成国内首条越江隧道——上海打浦路隧道、世界首条15米级盾构法隧道——上海长江隧道、世界首例复杂环境下大直径土压平衡盾构法隧道——上海外滩通道、国内首条双层公路隧道——上海上中路隧道。上海隧道研制了我国首台具有自主知识产权的"先行号"土压平衡盾构机和"进越号"大型泥水平衡盾构机,率先实现国产盾构装备的产业化与批量出口。

上海隧道累计建设的隧道里程已达703.51公里;其中14米级以上大直径盾构隧道建设里程占全国总里程的73%。公司荣获全国质量奖、全国优秀施工企业、国家科技进步一等奖、全国用户满意企业、全国文明单位、中国最佳雇主企业、上海市重大工程实事立功竞赛突出贡献金杯公司等荣誉。

工匠精神宣传丛书

一线工人造传奇：

李斌

光有梦想不够，还需要有知识的积累、脚踏实地的工作以及使命感，这样才能肩负起时代赋予我们的重任，并以自己不断创新的成果去回报这个伟大的时代。

个人简介
GERENJIANJIE

李斌是上海电气液压气动有限公司的数控机床操作工，1980年技校毕业进工厂，30多年来从一个技校生，成长为大学本科生、高级技师、高级工程师。好学的李斌进厂以来，虚心向周围的师傅学习，博采众长，很快成为车、钳、铣、磨的一把好手，两次（1986年3月、1988年6月）被企业选派至瑞士的液压公司学习数控机床的操作技能，之后又成为能熟练驾驭数控机床调试、维修、编程的巧匠。1982年，他进入上海电视大学，花三年时间攻读机械工艺与设备专业，1998年又进入上海市第二工业大学机械电子工程本科专业学习，完成了从一个技校毕业的操作型工人向知识型工人、进而向高技能工人的转变的"原始积累"。2004年10月起，李斌任上海电气液

压气动有限公司液压泵厂数控工段工段长、调试组长、公司总工艺师，2006年又被集团聘为上海电气首席技师。

液压泵

液压泵是液压系统的动力元件，靠发动机或电动机驱动，从液压油箱中吸入油液，形成压力油排出，送到执行元件。它的功能是把动力机的机械能转换成液体的压力能，向液压系统提供压力油。液压泵是液压系统的心脏。液压泵工作原理：运动带来泵腔容积的变化，从而压缩流体使流体具有压力能。其主要优点如下：

1. 传动平稳

在液压传动装置中，油液的压缩量非常小，在通常压力下可以认为不可压缩，依靠油液的连续流动进行传动。油液有吸振能力，在油路中还可以设置液压缓冲装置，故不像机械机构因加工和装配误差会引起振动和撞击，使传动十分平稳，便于实现频繁的换向。因此，液压传动广泛地应用在要求传动平稳的机械上，如磨床几乎全都采用了液压传动。

2. 质量轻、体积小

液压传动与机械、电力等传动方式相比，在输出同样功率的条件下，体积和质量可以减少很多，因此惯性小、动作灵敏。这对液压仿形、液压自动控制和要求减轻质量的机器来说特别重要。

3. 承载能力大

液压传动易于获得很大的力和转矩，因此广泛用于压制机、隧道掘进机、万吨轮船操舵机、万吨水压机等。

但由于液压传动是以液压油为工作介质，在相对运动表面间容易泄漏，所以对液压元件制造精度要求高；还由于对元件的技术要求高，装配比较困难，也使液压传动对使用和维护的要求比较严格。

成长经历

"让我试一试。"

李斌有一句口头禅："让我试一试。"

1980年9月，从上海液压泵厂技校毕业的李斌，被分配到二车间铣床组当学徒。他好学、爱思考，当时有一批零件加工精度高、时间紧，师傅按既有操作方法以较低的转速在加工，李斌在师傅身边看着看着，突然对师傅说："让我试一试。把加工转速提高一挡，是不是也可以保证现有加工精度？"正巧车间通知师傅开会，临走关照李斌代他操作，李斌只用慢速加工了一个零件，第二个零件就采用提高一挡转速的方法加工。待师傅开会回来，他已经将三个零件加工完毕。师傅一一测量，结果完全符合要求。师傅拍着李斌的肩膀说："你学技术蛮会动脑筋的嘛。"李斌的第一次"让我试一试"，使他受益匪浅。

1986年，李斌远赴瑞士公司学习培训。一天快下班的时候，有一批复杂零件必须立即加工，而瑞士公司的技术人员全不在，机床编程调试无法进行，急得外国车间负责人犹如热锅上的蚂

蚁一般。这时，李斌从人群中走了出来，他以自信的语调说："让我试一试。"在众人疑惑的目光下，李斌从容地拿过图纸，一番计算，一阵书写，不一会儿就把工艺编制出来了，接着制定数控程序，随后准备刀具，按动电钮，输入程序，四大技术要素一气呵成。当这位车间负责人手拿经过测试合格的零件时，满脸兴奋，禁不住连声："Ok！Ok！""试一试"，让李斌成为瑞士公司第一位中国工人调试员。

20世纪80年代末，上海液压泵厂第一次引进了新型数控机床（2CNC），外国数控机床加工功能的专一性比较强，而国有企业不可能投入更多资金去进口各种数控机床，因此必须向洋机"开刀"。2CNC数控机床上的专用弹簧夹头，这个"喉咙"对"喂进"的棒料外径尺寸只允许误差在二三根头发丝的粗细范围内，以致费工费时，效率不高。"让我试一试。"说着，李斌一头钻进数控机床内，在气缸、油泵和夹具上一一研究起来。他拆下弹簧夹头，重新设计伸缩自如、开合范围大的软爪夹具替代弹簧夹头,然后利用原有气阀管路供气。紧接着他又调整机床内气缸以及泵阀的进、出口位置。几次调试后,效果显现,粗粗细细的棒料自如地送进机床自动夹紧。"洋机"的细"喉咙"变粗了。

点铁成金

上海液压泵厂引进的加工中心,真可谓"劳苦功高",不仅要对各种不同的零件进行精密加工,还要经常加班加点。不久前,操作工人发现它"病"了,工作时常会出现 X 轴定位尺寸"飘移",此病是数控机床的大忌,轻者会使刀具损坏,重者造成加工零件批量报废,甚至毁坏设备。

对于加工中心的"病症",李斌凭多年操作经验做出了初步诊断:数控机床的全闭环装置对直线测量监控要求极高,而其中的数控参数补偿有赖于磁性光栅,问题可能就出在这儿。李斌曾专门将磁性光栅拆下清洗,但效果并不明显。工厂请来了设备制造厂商办事处负责技术和维修的"老外"帮助检修。老外来厂后神秘兮兮，花了大半天的时间，最终把X轴的磁性光栅换了一个，要价1万多美金。可是机床运行不久，老问题又重新出现。再与办事处联系，回答是只能再更换磁性光栅，又要1万多美金。

花了钱，却不能从根本上解决问题，看着零件加工受阻，李斌心急如焚。"会不会是受环境因素的影响？"一个念头从他脑海中闪过。于是，李斌重新观察磁性光栅的工作环境，发现在加工产品时，有铁屑、灰尘钻过加工中心已设置的挡板进入设备内部，被磁性光栅吸附住后，数控系统出现"误判"。"病症"找到了。李斌在原有挡板的基础上，又设法增加一块铁制挡板作为磁性光栅的保护防尘装置。从此，困扰加工中心的"飘移"问题迎刃而解。

巧用"铁板"，李斌就这样治愈了数控机床的"疑难病症"。

更改"洋"程序

斜轴泵主轴是产品的"心脏"部件。主轴顶端平面有7个球窝，恰如"心脏瓣膜"。加工设备是从瑞士引进的，加工技术、程序也是从瑞士公司全套引进的。然而主轴球窝与柱塞球面配合的间隙超过产品标准，于是李斌更改"洋"程序，为产品打造更好的"心脏瓣膜"。

技术、工艺、设备全套进口，为什么还有加工质量问题？是什么环节存在影响质量的因素？这些问题，使李斌苦恼了很久。"难道瑞士人设计的加工程序有问题？"一个疑问在李斌的脑海中闪过。"人家是液压泵生产的王牌公司，怎么可能会有问题？""没有经过验证，怎么就能得出肯定不会有问题的结论？"正反两方在李斌的思维中争辩着。李斌下定决心，要弄个明明白白。

李斌照例早早来到了工厂，开始查阅有关技术资料并进行了初步推测：可能是进口设备设定的纵横配合补偿参数有误，导致累积误差，使主轴球窝的圆度达不到技术要求。为了验证这个推测，他采用CAD(计算机辅助设计)技术，端坐在计算机屏幕前，仔细观察刀尖放大到200倍后工作的轨迹，屏幕上出现了椭圆形。经过与瑞士公司设计的球窝成形曲线叠合比较，发现确实存在着一点差异。正是这一点差异，对斜轴泵的质量和使用寿命产生了不小的影响。

经过反复思考，李斌大胆采用了另一种方法，重新编制数控加工程序，调整轨迹设定，椭圆变圆了。经检验，按照李斌编制的程序加工的主轴球窝与柱塞球的配合相当吻合，七球窝的球度均可控制在3～5微米（一根头发丝直径为70～80微米），精度提高了6倍，一次合格率大大提高，并减轻了钳床手工研磨的劳动强度，提高生产效率。

摘星之旅

★ 李斌被评为上海市劳动模范五次、机械部劳动模范一次、全国劳动模范四次，分别获全国和上海市"五一劳动奖章"，还被评为全国和上海市优秀共产党员、全国十大杰出工人、中华技能大奖全国技术能手、全国机械冶金建材系统首席金牌工人、全国知识型职工标兵、全国高技能人才楷模、全国十大高技能人才楷模、全国敬业奉献模范等。

★ 李斌与王进喜、袁隆平、郭凤莲、邓亚萍等60人一起被命名为"时代领跑者——新中国成立以来最具影响力的劳动模范"，并获得首届中国质量奖提名奖、上海市市长质量奖，被评为2016年"上海工匠"，享受国务院政府特殊津贴。

大师工作室

以全国著名劳动模范李斌名字命名的创新团队——上海电气液压气动有限公司李斌技能大师工作室，集研发、设计、试制功能于一体，已日益显现其在企业中创新、持续发展的重要作用，并与李斌技师学院、"李斌杯"职工技能大赛一样，在行业内外产生重要影响。李斌带领团队开发了高技术含量的6系列定量马达和6系列、7系列、8系列、11系列变量泵、变量马达，同时开发了市场竞争能力很强的减速机成套产品和液压成套系统产品。其中，对柱塞环的质量攻关的成功，使产品从强度、精度、耐磨性、装配复原性等技术指标上，完全达到德国进口部件的技术性能标准，并形成了批量生产能力，打破了力士乐的技术垄断，打通了产品技术上的瓶颈，对国产泵能级提升有重要意义，使 A2F6.1 系列产品工作压力由 250 公斤上升到 350 公斤，转速由 1500 转 / 分钟上升到 3000 转 / 分钟，产品性能接近德国力士乐进口产品水平，实现了企业 20 多年来的梦想与追求。他领衔承担的"高压轴向柱塞泵 / 马达国产化关键技术"重点攻关项目，突破了 11 个关键技术难点，荣获中国机械工业科技进步一等奖、国家科技进步二等奖。

李斌工作室还创新了生产组织方式，突破了工艺技术难关，大大提高了生产效率，降低了生产成本，提高了产品质量。李斌工作室为 5640 万（47 台）的设备投资进行论证、把关，坚持为企业少花钱、多办事、办好事，并先行为设备考虑加工刀具的配置和加工模具的改进，为设备快速到位、快速投入生产

做出了巨大的贡献。近5年来，李斌带领团队共完成新产品开发及技术攻关项目85项，申报专利146项，授权65项，其中李斌个人专利40项。

企业介绍

上海电气液压气动有限公司是沪市上市公司上海机电股份有限公司的全资子公司，隶属于上海电气集团统一管理，是由中国较早制造液压气动产品的上海液压气动总公司整合优质资产，于2003年改革组建的集工、贸、投资为一体的有限责任公司，独立法人单位，是国内重要的液压气动元件研发、生产企业之一，核心技术水平达到国际先进水平。上海电气液压气动有限公司生产的"金峰"牌液压柱塞泵、马达产品为上海市名牌产品。2015年被评定为上海市著名商标。

上海电气液压气动有限公司生产的产品主要服务于中高档液压产品市场，多年来一直在国内同行中处于排名领先的龙头地位。尤其是公司先后投资成立的上海丹佛斯液压传动有限公司（原上海萨澳液压传动有限公司）、上海纳博特斯克液压有限公司的产品水平均达到国际一流、国内领先水平，在工程机械、建筑机械等高端液压市场领域，深受广大用户的好评。公司生产的斜轴泵、马达系列产品，其悠久历史和产品质量得到中端产品用户的信赖；液压成套产品成为上海电气集团内部的重要配套供应商；最新引进的水泥搅拌车用减速器产品正崭露头角。

工匠精神宣传丛书

地铁心脏的守护者：
李鹃伟

　　技术创新项目其实就在你的工作、生活中。要做个有心人，注视着本职岗位周围的点点滴滴，去运用、发掘、开拓、创新、创造，最终汇成成果。有了成果，就会滋生出一种自身的成就感。

个人简介

李鹃伟,男,1961年5月出生,中共党员,大专学历(本科在读),城轨电动列车检修工高级技师,上海地铁维护保障有限公司车辆分公司大修厂制动班班长,李鹃伟国家技能大师工作室负责人,主要负责地铁车辆机械、气路及制动系统维修。李鹃伟1979年9月—1981年9月在上海彭浦机器厂技校学习钳工专业;1981年9月—2000年4月在上海彭浦机器厂工作并任生产组长;1990年12月获上海市机电工业管理局颁发的钳工操作技能八级证书;1995年12月获上海市劳动局颁发的钳工技师证书;2000年4月至今在上海地铁维护保障有限公司车辆分公司大修厂任制动班班长。

行业科普

单元制动机就是我们通常说的刹车部件

单元制动机是地铁列车的重要部件之一。PC7型、KLX7型单元制动机是上海地铁常用的踏面制动机，其装车量大，检修任务繁重。由于原进口测试设备只适用于PC7型制动机的测试，不兼容KLX7型单元制动机的测试。就在大家措手不及时，李鹍伟的团队开始琢磨、研究，在原进口测试设备基础

上，设计完成了一套转换工装，使原设备能适用于两种型号的单元制动机的测试工作。此一机多用的创新项目，填补了车辆分公司大修厂对KLX7型单元制动机测试设备的空白，为企业节省添加设备的费用80余万元。该技术获得了上海市科技进步三等奖。

空气弹簧是轨道交通车辆重要的部件之一

原先上海地铁无空气强簧的试验设备,李鹃伟大胆提出"多车型空气弹簧试验设备"设计方案并成功制作的设备,均符合产品相关技术要求。他的创新改造适用于阿尔斯通、庞巴迪、西门子等多车型且不同结构空气弹簧的检测,并可同时供四个试验台的检测,设备结构简单、操作便捷。"多车型空气弹簧试验设备"研发成功,大大缩短了维修总工时,满足了地铁车辆空气弹簧检修试验的要求,弥补了上海地铁空气弹簧检修试验的空白。该技术获得了发明专利权,2015年获得上海市职工先进操作法优秀成果奖。

成长经历

我作为一名地铁车辆检修工,所做的其实都是岗位本分之事,都是自己爱好所致。回想这10多年在地铁车辆检修行业的工作经历,感触良多,有欢笑、有汗水、更有感恩。

我父亲曾是一名运输汽车维修工人,他曾发明过运输汽车倾卸翻斗技术。我父亲虽只有初中文化程度,但父亲的爱岗敬业精神激励了我,使我从小对机械行业产生了浓厚的兴趣,梦想能像父亲一样,做一名技术型的工人。小时候我动手能力比较强,喜欢做小推车、做沙发、做家具、刷油漆等。我的个人爱好为收藏、集邮等。

高中毕业后,我进入上海彭浦机器厂工作,从事工程机械设备的安装与调试,1983年当生产组长,期间完成20多项创新。其中,我成功研制、开发了中国最大马力的410推土机、离心机、深孔加工设备等。

随着上海城市化建设的不断推进,重型工业逐渐式微,我也开始考虑起了自身的转型。1999年的秋天,一个偶然的机会,我看到了《劳动报》上一则上海地铁总公司的招聘启事。经过"百里挑一"的面试、应知应会考试、体检、政审等环节,我终于入选为20名地铁车辆检修工中的一员,心中有种自豪感。

我被分配进入大修厂车体组,负责列车内装饰,以及客车车门、窗、地板、车钩等拆装与保养维修。2004年,上海地铁一号线列车在运行了10年后,迎来了第一次大修。作为第一批"摸着石头过河"的人,当时我负责所有客室地板的维修。上海地铁初期的列车都是从德国引进的,这些进口地板却在上海遭遇了"水土不服",车厢内的细木地板受潮严重,拱起的地板还曾多次遭到乘客的投诉……难题摆在我面前,如果将

所有的变形地板都更换成新的,不仅耗费时间,还会增加成本。我凭着实践经验,首先将一些大面积溃烂变形的地板进行集体更换,对于那些局部变形的地板,则采用了打孔、灌胶、加压等处理技术,对变形处加以固定和修复,让那些原本凹凸不平的地板恢复了平整。经过数日的维修,我顺利完成了整列列车所有地板的修复。之后经过又一个10年的运营,这些地板仍然一切正常、坚固如新。我也凭借此次成功修复地板获得了公司同仁的一致认可。

众所周知,一辆小汽车的核心部件是它的发动机,然而对于一列重达300多吨的地铁列车,制动系统则是它的灵魂和心脏。多年来,我在研究列车制动系统方面投入了大量的心血,负责的四项先进操作法和七项技术专利的研发共为企业节约维修成本达上千万元。我在平时工作中加入了一些小发明、小创造,其中"轨道交通列车制动与供风系统核心部件研制技术及其应用"项目已获上海市科技进步三等奖;"多车型空气弹簧试验设备操作法"在2015年获上海市职工先进操作法优秀成果奖,还获得了上海市第25届优秀发明铜奖、上海

市第27届优秀发明银奖。我获得国家实用新型专利权7项。经过多年的积累,2016年,我很荣幸地入选首批"上海工匠",并获得上海市五一劳动奖章等。

说起制动,还有两个小故事。先说列车空压机吧,列车空压机好比人的肺,出不得问题。列车在夏季运行中,空压机处于200℃以上的高温状态,空压机的甩油片经常脱落,会造成空压机损坏。经过研究,我带领团队找出了甩油片脱落的原因,就用两根金属圆柱的弹性销,为甩油片"插上一道安全门闩"。这一创新的"永久固定技术",实现了列车运营中78台空压机报废率为零的纪录,外方供应商也对这项创新工艺表示认可,并被他们写入了此后的制造工艺中。

再说列车空簧气囊,它在列车运行中有平稳车体、带动刹车等作用,空簧气囊漏气将严重影响列车的安全运行。我带领团队通过对空簧气囊的成分分析,发现了外方供应商设计上的"先天缺陷"。空簧气囊结合面的厚度一旦不足,就会大量漏气,整个空簧气囊就要报废。所以,我用尼龙绳圈,对空簧气囊结合面进行密封加固、加厚。利用3米长的尼龙绳,就可实现对该问题的"后天弥补",让空簧气囊"起死回生"。这项改进不仅为企业节约成本,更是彻底解决了空簧气囊的故障隐患,确保了列车制动的稳定性及乘客的舒适性。

在我的"字典"中,"工匠精神"的"工"就是手工制作,也就是技能、一技之长;"匠"就是利用这一技之长的技能,不断创新、做到精致完美;"精神"就是爱岗敬业、勇于创新、精益求精、无私奉献、传承、感恩、报答企业、报答社会。一旦认准方向,就要做自己想要做的事,不求回报、低调做人、

坦言相随。技术攻关工作很多时候是枯燥乏味、费时费力的,一定要有毅力、恒心。在轨道交通网络化运营的今天,确保安全运营是我们所有地铁人的目标,更是全体乘客的期望。

十年磨一剑,今年我已经50多岁了,但我还会一如既往地发挥我的引领作用,同时希望通过传、帮、带,让地铁车辆检修技术和地铁人的精神得到更好地传承和发扬。我也希望能用自己的行动去感化更多青年员工,让"我能做,我能行,我会做得更好、更完美"的工匠精神在他们心中萌芽,帮助他们树立远大的理想并付诸行动。在今后的工作中,我将和我的团队不断进行技术创新,对准世界上先进的地铁列车维修技术,使我们的地铁运营更加安全、可靠,也让更多的技术工人怀揣一颗匠心,从工人成长为大师。

摘星之旅

国家级：
- ★ 2012 年 9 月获全国城轨交通"维修能手"称号
- ★ 2014 年 12 月获第 12 届"全国技术能手"称号
- ★ 2015 年 1 月获国务院政府特殊津贴
- ★ 2016 年 10 月获全国"百姓学习之星"称号

市级：
- ★ 2010 年 7 月获上海市第六届"杰出技术能手"称号
- ★ 2011 年 5 月获"上海市十大工人发明家"称号
- ★ 2015 年 4 月被评为上海市劳动模范
- ★ 2016 年 9 月获上海市"百姓学习之星"称号
- ★ 2016 年 10 月获上海市"五一劳动奖章"
- ★ 2016 年 10 月被评为上海工匠

产业局级：
- ★ 2010 年 2 月被评为上海申通地铁集团技术能手
- ★ 2011 年 6 月被评为上海申通地铁集团优秀共产党员
- ★ 2012 年 2 月被评为上海申通地铁风采人物
- ★ 2012 年 2 月被评为上海申通地铁集团首席技师

大师工作室

2011 年，上海地铁首家工作室"李鹃伟首席技师工作室"正式成立。工作室的成立，为岗位创新能手创造了良好的环境，在上海轨道交通新一轮发展中，发挥了创新攻关、名师带徒的作用,为上海轨道交通事业建功立业。工作室于 2012 年 12 月获上海市首席技师千人计划项目资助,2013 年 5 月获上海市"工人先锋号"称号,2013 年 10 月批准建立上海市技能大师工作室,2015 年 10 月批准建立国家技能大师工作室。

"李鹃伟技能大师工作室"成立以来,主要依托党政工团、车辆技术委员会和相关对口专业支持,将"啄木鸟——现场问题的发现者、铁榔头——疑难问题的解决者、联动机——系统问题的攻关者、先驱者——科研项目的实践者"作为工作室定位。目前,工作室由专家、技术人员 6 人,维修骨干人员 8 人,青年技术能手 6 人,共 20 名成员组成,着手进行地铁列车维修项目的研发及改造。

工作室以"啄木鸟、铁榔头、联动机、先驱者"这十二个字作为定位,从生产工作中不断学习工作经验。在工作室对技术刻苦钻研的氛围下,在整个团队的辛勤努力下,工作室"轨道交通列车制动与供风系统核心部件研制技术及其应用"项目已获上海市科技进步三等奖，一项检修作业方法获得上海市先进操作法优胜奖，另外还获上海市优秀发明选拔赛优秀发明银奖、铜奖各一项。"具有夜视功能的仪表、表盘"等七项发明获得国家实用新型专利权。

企业介绍

上海地铁维护保障有限公司（简称"维保公司"）成立于2008年4月8日，是上海申通地铁集团有限公司下属的轨道交通设施设备专业维护保障单位。维保公司下属共有五家分公司，分别是：车辆分公司、供电分公司、通号分公司、工务分公司、物资和后勤分公司，分别担负着上海轨道交通车辆、供电、触网、通信、信号、桥隧、线路结构等专业设施设备的维护保障工作，以及物资物流和后勤保障等工作。

车辆分公司隶属于上海申通地铁集团地铁维护保障有限公司旗下，以地铁车辆全寿命期管理为主体，是集车辆整车、部件维修和研发、专业咨询服务于一身的综合性地铁车辆专业维护公司。目前，车辆分公司所服务车辆已超过3900节，已在23个基地展开了车辆维护工作，并且单日运营里程已达到137万公里，总体规模跻身世界前列。

工匠精神宣传丛书

守护城市"动脉"的特种兵：
杨庆华

持之以恒做一件事，竭尽全力把它做好。

个人简介

GERENJIANJIE

杨庆华,男,中共党员,汉族。他先后荣获上海市五一劳动奖章、全国五一劳动奖章,被评为上海市十大工人发明家、国家电网公司生产技能专家、全国劳动模范、上海市首席技师等,享受国务院政府特殊津贴。

杨庆华任职于国网上海市电力公司检修公司输电运检中心,专业工程师、高级技师。自1980年进入公司从事线路检修工作至今已有30多年,他技术知识全面、实战经验丰富,怀着对电力事业的一片赤诚之心,淡泊名利,脚踏实地立足于平凡的岗位,取得了杰出的成绩,书写了一名普通电力员工忠诚于电力事业的绚丽篇章。他出色的工作获得了大家的肯定和好评。他牵头完成了11项重大科技项目,包括重点攻关带电作业、特高压运维、反外损等一系列热点问题的项目,在2009

年上海世博会前浦东中环线建设等多项市政工程改造中成功应用，为各项市政工程争取宝贵时间的同时，也创造了巨大的经济效益。

带电作业

　　带电作业是指在高压电工设备上不停电进行检修、测试的一种作业方法。电气设备在长期运行中需要经常测试、检查和维修。带电作业是避免检修停电、保证正常供电的有效措施。带电作业的内容可分为带电测试、带电检查、带电维修等。带电作业的对象包括发电厂和变电所电气设备、架空输电线路、配电线路和配电设备。带电作业的主要项目有：带电更换线路杆塔绝缘子、清扫和更换绝缘子、水冲洗绝缘子、压接修补导线和架空地线、检测不良绝缘子、测试更换隔离开关和避雷器、测试变压器温升及介质损耗值等。

等电位、地电位和中间电位作业

　　根据人体所处位置，带电作业可分为等电位作业、地电位作业和中间电位作业。等电位作业时，人体直接接触高压带电

部分。人处在高压电场中,会有危险电流流过,危及人身安全,因此所有进入高压电场的工作人员都应穿全套屏蔽服,包括衣裤、鞋袜、帽子、手套等。地电位作业时,人体处于接地的杆塔或构架上,通过绝缘操作杆带电作业,因而又称绝缘工具法。在不同电压等级电工设备上带电作业时,必须保持空气间隙的最小距离及绝缘工具的最小长度。在确定安全距离及绝缘长度时,应考虑系统操作过电压及远方落雷时的雷电过电压。中间电位作业是通过绝缘棒等工具进入高压电场中某一区域,但还未直接接触高压带电体,是前两种作业的中间状况。

成长经历

CHENGZHANGJINGLI

一次惨剧、缘结创新

20多年前,在一次线路作业施工中,杨庆华的一名工友不慎从高空坠落,此次事故造成该工友身体瘫痪。20多岁是人一生中最美好的季节,是实现个人价值、报效国家的黄金年龄,而这名工友却不得不在轮椅上度过余生,给他个人和家人都造成极大打击。杨庆华回忆说:"这件事深深地刺痛了我,那时我下定决心一定要研究出一种更可靠的安全装置,坚决避免悲剧再次重演!"经过1年多的潜心研究和反复试验,一种全新的高可靠安全绳挂钩研制成功了,并成功应用于实践,取得良好效果。

安全绳挂钩的成功研制让杨庆华深深迷恋上了创新,成为杨庆华创新之路的开端。他说:"创新让人'上瘾',一旦开始就无法停止!"由此,杨庆华便与创新结下了一生之缘。

从此,走到哪里,杨庆华身上都会揣着一本封面都已泛黄的笔记本,及时记录下工作中的点滴经验和奇思妙想。下班回到家之后,杨庆华便拿出笔记本继续深入推敲、反复琢磨当天的点子。久而久之,杨庆华成为检修公司众人皆知、人人点赞的发明家,人送外号"输电线路老法师"。"疑难杂症,手到病除!"工友们谈到杨庆华时如是说。

我要让这个美丽的"神话"被全世界传颂

2007年的220千伏杨新2143/2144线增容改造工程中,参与工程改造的美国3M公司督导Tom捧着杨师傅的工作衣,感慨万千地说:"我要把这个中国人创造的美丽'神话',告诉全世界的同行们!"

当年220千伏杨新2143/2144线的输送容量为20千瓦,不能满足上海浦东地区日益增长的用电高负荷容量的需求,如果按常规的增容方式增加导线截面及载流量,旧塔难以满足导线的负载,需要推倒重建。但是,考虑到当时上海电网的接线情况,浦东地区用电负荷量很大,停电时间不宜过长。于是,上海电力公司联系了当时的美国3M公司,决定使用他们公司最新型的铝基陶瓷芯CCR-795导线。这种导线具有载流量大、截面小、比重轻的特点,完全可以满足原铁塔的负载要求。这样就不需要重建,只要进行增容改造。

然而工程一开始,团队就遇到了难题。由于该新型导线的曲率半径极小,且陶瓷芯为脆性材质,因此在展放过程中导线不能过30°转角塔滑轮,这样整条线路的7个耐张段施工,预计需要停电50天,而且当时我国在工器具和施工工艺上也完全是一片空白。

"No!No,不可能!"3M督导Tom在查勘过施工现场后一个劲儿地摇头:"你们这是在开玩笑,16公里,我们公司提供的工器具不够,按中国目前的机械自动化程度,加上那么复杂的施工环境,至少需要90天左右的施工时间!"

工期要拖那么长时间，绝对不行！听到 Tom 这么说，大家都很不甘心，但是一个个问题却让大家寸步难行。正当大家焦头烂额时，当时担任输电线路生产管理组组长的杨庆华站了出来，说道："既然时间不够，我们就改进工艺，工器具缺乏，我们就自己开发！"说干就干，杨师傅马上召集所有施工人员进行分析研讨，会议中杨师傅牵头拍板，大家集思广益，最终决定：放弃原来逐个耐张段更换导线的施工方式，优化施工段，从原来 16 公里的 7 个放线段改为分 4 个进行施工；工艺上也更大胆创新，通过开发的牵张一体机、多轮放线滑车及双联网套，把张力场合和牵引场合融为一体，利用旧导线直接牵引新型导线。杨师傅的想法很大胆，却符合当时的施工实际。现在想来，这离不开他多年一线工作的经验积累，更重要的是，当大家都形成思维定式的时候，他却勇于尝试和创新。

看了修改方案后，Tom 还是摇头："施工工艺和技术要求应该没问题，可我之前在世界各地都做过很多类似的工程，全部都是依靠高水平的机械化操作，工期方面要压缩至 25 天，这是在开玩笑，我不相信这个方案能够成功。" Tom 的怀疑和不屑更激发了杨师傅和整个团队的斗志。

在上海电力公司认可后，杨师傅带领团队成员根据线路走向和铁塔排列方式重新进行施工布线，同时研制开发出针对此次施工的新型牵张一体机，并把当时 3M 公司带来的专门为新型导线设计的工器具进行升级改造。自主研发工器具时，杨师傅自己试验满足要求后，每次都让 3M 督导 Tom 进行技术确认，确保每一件工器具都万无一失。设想大胆，但在技术细节上却谨慎认真、一丝不苟，这是杨师傅一直以来的工作习惯，也为工程后来的圆满完成提供了坚实的保障。

　　Tom经常到工程现场,当工作顺利进行到一周而工程量却几乎完成三分之一时,他开始有些诧异和惊讶了,常常看到他瞪得老大的眼睛,也常常听到他开心爽朗的笑声,一直"No！No！"的他,挂在嘴边的却慢慢变成了:"Yes！Yes！Good！Good！"

　　然而,老天似乎还要再考验一下大家,在施工的收尾阶段,台风来袭,施工人员只能暂时将所有施工设备拆除,等台风过后再重建、继续施工。当时,最生气的应该就是杨师傅了,大家常听他嘴里念叨"哎,真是耽误了好几天呢！"他这是想为咱们中国人,也为咱们上海电力人争口气,所以才着急啊！

　　苍天不负有心人,加上未施工的台风天,整个改造工程完工最后只用了25天。在工程庆功宴上,Tom举起酒杯走到杨师傅面前,佩服地竖起大拇指:"杨,你们把不可能变成了可能！现在,我终于理解中国的万里长城是如何建成的了！我有个请求,您能把工作衣送给我留个纪念吗？我要带着它,把我的亲身经历,亲眼看到的这个中国电力人创造的美丽'神话',告诉全世界的同行们！"

紧跟时代、不断创新

　　随着时代的进步,新技术层出不穷,电网也不断发展,杨师傅总能紧跟时代,将新技术创新性地应用于输电线路运检工作中,解决输电线路运检工作中不断翻新的"疑难杂症"。

　　随着1000千伏特高压电网建设的不断推进,特高压电网的带电作业被提上工作日程,工人们对适用于特高压电网带电作业的新型工器具的需求异常迫切。

在 1000 千伏特高压输电线路刚刚落户上海的时候,杨庆华就在技术研讨会上指出:"特高压输电线路带电作业可以及时消除运行隐患,对于保障跨区电力输送具有重要意义,我们要积极研发特高压交流 1000 千伏输电线路带电作业的工艺和工器具,适应电网的发展需求。"然而,研发过程并非一帆风顺,能够适应 1000 千伏的工器具单体体积过于庞大。"原先停电施工调换绝

缘子串的施工器具笨重不绝缘,完全不适应特高压带电检修作业。"杨庆华说,"进入电场工作,要保证人员安全,工器具必须轻便绝缘、安装方便。"为将相对较大的单体分成一个个小部件,每天杨庆华都和他的队员们不断地分析、计算各个部件的受力,并在模拟线路上试验。随着相关试验工作的推进,他们终于成功研制了特高压输电线路调换耐张绝缘子串装置,该装置由自主研制的轻便八联钩、高强度绝缘绳和丝杆组成,等电位作业人员利用装置勾住八分裂导线,收紧丝杆,使整串绝缘子不受张力,分别解开单根绝缘子的导线侧和横担侧的金具连接,实现整串绝缘子的调换。

2015 年 9 月 17 日,他和团队研发的"特高压交流直线整

串绝缘子带电调换技术工艺及导线八联钩"在特高压1000千伏安塘线现场试验圆满完成。工器具试验成功，这无疑是特高压检修发展历史上具有里程碑意义的一刻，不但填补了特高压带电检修及相关工器具的空白，更使特高压1000千伏线路不停电调换悬垂串成为可能，大大提高了电网供电可靠性。不仅如此，在上海首次带电消缺作业中所使用的新型吊篮也是杨庆华的科研成果，他带领着团队以500千伏带电作业的成功经验为基础，再一次完成了技术攻关，在特高压交流1000千伏带电作业领域实现又一次突破，推动上海电力带电作业水平再上一个新台阶。

摘星之旅 ZHAIXINGZHILV

★ 2008年获全国五一劳动奖章

★ 2008年获上海市五一劳动奖章

★ 2009年获"上海市十大工人发明家"称号

★ 2010年被评为全国劳动模范

★ 2010年享受国务院政府特殊津贴

★ 2011年被评为全国电力行业技术能手

★ 2013年被评为上海市十大劳模年度人物

★ 2016年获得"全国技术能手"称号

大师工作室
DASHIGONGZUOSHI

杨庆华技能大师工作室是以技能大师杨庆华为核心，以多名专业技术人员为骨干，以解决生产实际问题、提高管理效率为立足点，制定创新研发路线，承担多项技术难度大、工艺复杂的科技项目的团队工作室。工作室分为工作区、展示区、资料区等多个功能区域。

工作室展示区重点陈列丰富多彩的创新工器具和项目珍贵照片，让职工（观众）在参观的过程中了解"杨庆华其人"及"输电运检工作"的

实际情况，更体现上海特高压输电线路运检技术在守护城市电网安全、助力市政工程及全球能源互联网中的作用。

在工作机制上，工作室有章程制度、有工作计划、有总结交流，建立了创新主导，体现群众性、主动性和自主性的工作运行机制。在活动内容上，工作室集学习培训、技术攻关、论文撰写、专利申报、成果应用、信息共享于一体。在硬件配备上，工作室以上海市创新工作室创建标准为依据，做到有领军人物、有场地、有设备、有经费、有课题。工作室将一如既往地以生

产实际为着眼点，在现有成果的基础上，深化输电线路的科技创新程度，以先进的技术力量管理好快速增长的输电线路。今后，工作室将在特高压巡检、输电线路智能化管理等方向进行科技创新，提高工作效率。

企业介绍

国网上海市电力公司检修公司是上海电网特高压、超高压输变电设备和电缆设备等城市骨干网架的综合管理单位，其组建源于国家电网公司"三集五大"体系建设的重要战略，是上海电力"大检修"体系建设的重要组成部分，属资产密集、技术密集、人才密集的大型国有企业。其主要承担所辖上海跨区电网直流输电线路、±500千伏及以下直流换流站、220～1000千伏交流输变电设备和110千伏及以上电缆设备运维工作；负责管辖范围内随线路架设的电力特种光缆、站内通信机房设备的日常环境巡视，OPGW（光纤复合架空地线）线路的检修组织以及其他随线路架设（敷设）光缆、站内通信设备的检修配合工作。

国网上海检修公司先后荣获中共中央、国务院授予的"上海世博会先进集体"、全国"安康杯"竞赛优胜单位、全国能源化工系统五一劳动奖状、上海市五一劳动奖状、上海市文明单位、上海市重点工程实事立功竞赛"金杯公司"等荣誉。

和金子打交道的人：
沈国兴

镂金错彩，至臻传承。一生专注一件事，为此而做到极致。

个人简介

沈国兴,首席技师,上海老凤祥有限公司银器厂大件组组长,高级技师,上海市工艺美术大师,上海市原创设计大师工作室成员,上海市十大工人发明家,全国劳动模范,全国知识型职工,全国五一劳动奖章获得者。

作为中国非物质文化遗产"金银细工"制作技艺的第六代传承人,沈国兴自担任首席技师以来,设计制作了一批代表中国金银细工技艺的精品:12千克的"静安寺佛法僧三宝印",制作中创造性地发明了激光定位焊接、雌雄卡口安装等工艺,并为企业创造了良好的社会效益和经济效益;镶嵌金摆件"八仙神葫",高78厘米,耗用黄金4.5千克余,用时半年,采用

浮雕、透雕、精铸、累丝、镶嵌等工艺手法，镶嵌翡翠、红宝石、白玉等奇珍异宝数百粒，一举荣获2008年"天工艺苑百花杯"中国工艺美术精品奖金奖。沈国兴以一手整旧如旧的绝活，为国家级博物馆修复了国家二级古代文物珍宝——"摩羯形金提梁壶""辽金孩儿枕""辽金花瓶"等十余件金器具，受到博物馆专家的一致好评。沈国兴参与设计制作的央视春节晚会颁奖金摆件"金燕迎春""三羊开泰"等作品获得市场好评，也为企业创造了巨大的经济效益。

三羊开泰
中央电视台春节联欢晚会奖杯
（千足金 925 银）

　　近年来，沈国兴以创新意识共计开发新产品58件，获国家产品外观专利43项。在继承与发扬传统工艺美术技艺的同时，他还积极参与国内外首饰设计制作大赛。作品"韵律"获亚洲足金首饰设计大赛中国地区胸针组冠军；作品"俏佳人"获北亚区黄金金像奖设计大赛优秀作品奖；作品"旋"在"SHINE"闪亮金饰设计大赛中获出众闪亮奖；作品"蝶"获优秀表现奖；作品"绽放"获中国首饰设计制作电视大奖赛多维首饰设计制作赛优秀奖。近年来，通过首席系列聘任，沈国兴带出2位技师，目前正集中培养3名青年制作工。

行业科普
HANGYEKEPU

金银细工

创始于清道光28年（1848年）的老凤祥，是"中华老字号"著名的金饰品牌，融汇了中国传统的金银细工制作技艺精华，全面传承了中国金银细工的精湛工艺，涵盖了中国传统金银细工制作技艺的所有内容。其中的摇摆、钣金、抬压、錾刻、雕琢、镂空、拗丝、焊接、镶嵌、打磨、鎏金等各种技法，是见证中国金银文化发展历史的活化石。老凤祥的传统金银细工制作技艺2009年5月被评定为上海市工艺美术传统技艺，同年10月被列入国家级非物质文化遗产名录。老凤祥金银细工制作技艺是上海地区现存历史悠久的金银细工制作技艺流派，传承中国古代金银细工技艺的同时，不断发扬和发展，并逐渐形成了具有中国文化特点、老凤祥风格的金银细工制作技艺特色。其制作技艺无论在材料、形式上，还是结构、制作上都已达到品质优异、形态完美、工艺精良的境地。

纯银银雕画（部分）
（纯银 半宝石 红木等）

成长经历

沈国兴师从中国工艺美术大师张心一,从事金银细工制作已有30年,功底深厚,才艺超群,勇于创新,屡创精品,是手工"金银细工"技术领域的中坚力量和传承传统精髓的杰出代表人物。

入行源于班主任的家访

说起当年入行,班主任的一席话起了决定性作用。

1985年,沈国兴从漕新中学毕业,他本打算学当时时髦的电子专业,但班主任家访时,和他父母商量,沈国兴的美术底子不错,在班级里是学习委员、宣传委员,学电子专业美术功底就浪费了,可惜。如果读远东金银饰品厂(上海老凤祥有限公司的前身)的金银饰品班,他的美术特长可以派上用场,而且这个专业毕业后就在远东金银饰品厂工作,收入也不错。因为当时远东金银饰品厂的产品出口量很大。班主任的一席话,说动了沈国兴和他的父母。1985年,沈国兴就进入远东金银饰品厂开办的金银饰品班读职高。

1987年,沈国兴入职远东金银饰品厂。半年培训下

啸
（通高70厘米 1700余克黄金 树化石）

来，沈国兴的成绩是最好的，分配进了技术最全面、要求最高的大件组，师从工艺美术大师张心一。

十年磨一剑

沈国兴崭露头角是在1997年。当时，无锡灵山要制作3500尊纯金的灵山小金佛摆件，价值高达6000多万元，老凤祥参与投标。设计制作任务落在沈国兴和他的师兄身上。两人去无锡实地看大佛。"当时大佛还没完工呢，搭着脚手架。"沈国兴说。两人要了大佛的小样、图片，加上实地查看，将平面的图片变成了立体的摆件。他们的作品被佛教协会赵朴初先生从一百多件投标作品中一眼看中。这个项目为老凤祥创造了537万元的经济效益，在1997年，这可不是小数目。沈国兴令人刮目相看。

成功的背后是默默地付出。在学艺阶段，沈国兴虚心学习、刻苦钻研，打下了扎实的基本功。1987—1997年，整整十年间，他每天做的就是凿、挑、拨、弹、扳……丝毫不敢马虎。人物的五官细节、发丝、衣褶……细微之处全凭一刀刀、一锤锤刻画出来。几个星期，甚至几个月，才能完成一件作品。十年练得心静如水，十年练就好手艺。金银细工，需要动手、动脑，还需要耐心，更需要悟性。谈到成功，沈国兴套用欧阳修笔下

《卖油翁》的话："无他，惟手熟尔。"一定要他讲成功的奥秘，他说需要心静、坐得住。

为观音像四上普陀山

沈国兴继承中国金银细工制作技艺的精华，努力探索扩大传统工艺的表现范围和规模，设计制作了一批代表中国金银细工技艺顶尖水平的精品。2001年，大件组承接了制作一尊重12千克、高88厘米的观音金像的项目，这是建厂以来规模最大的观音像。为了生动地表现观音像的神韵，沈国兴查找、研究了大量的国内外寺庙的佛像造型，四上普陀山，15次修改设计样稿。

沈国兴与同事第一次上普陀山，从各种角度观察观音像，拍了许多照，回来先做了个泥塑。观音的面容和眼神如何表现，还得细细观察。沈国兴第二次上山，这次专门租了一条船，站在船上，远看、近看、左看、右看，在本子上写写画画。样品完成后送到客户面前，对方提出一个苛刻的修改意见：观音像要跟普陀山观音那样，视角180°范围内都显出对你微笑的效果。沈国兴三上普陀山，专门观察观音像的眼神和笑容。沈国兴发现，普陀

持莲观世音
（通高78厘米 3600克黄金）

山观音像的眼珠是凹陷的,因为形体大,又是远观,模糊感使站在不同角度的人都会觉得观音在对着自己笑;而摆在客厅的观音像体积小、距离近,看得清清楚楚,眼珠凹陷,就无神,从侧面看,怎么会有"对着你笑"的效果?沈国兴陷入了思考,当时想了很久,于是四上普陀山,再思考、再琢磨。深思熟虑后,沈国兴做了最大胆的修改,将观音像的眼珠雕刻成突出的,并对眼部进行夸张处理,最终完成的一刹那,同事们欢呼起来:不管从什么角度看观音的眼睛,她都对着你笑!客户对沈国兴的作品非常满意。这件产品为企业创造了15万元的利润。

传世之宝在他手中诞生

类似的故事还有很多。2003年,沈国兴设计、制作了公司有史以来最大、最重的传世之宝:用12千克千足金打造"静安寺佛法僧三宝印"。

制作中,沈国兴创造性地发明了激光定位焊接、雌雄卡口安装、手工拉毛、喷沙、抛光等新工艺。这个摆件经过了3个月12次的修整,耗时1056个小时终于完成。宝印上半部四只神情威严的雄狮立于莲花宝座上,下半部静安寺寺徽及四大金刚像精美逼真。整个制作将传统摆件制作工艺和现代铸造工艺完美结合起来。

静安寺佛法僧三宝印
(千足金12公斤 高28厘米)

修复辽代金质文物

沈国兴还练就了一手"整旧如旧"的绝活。当时,上海博物馆的工作人员登门求助。博物馆里收藏着一批一千多年前的辽代金质文物,属国家二级文物,但出土时都严重瘪凹变形。这批文物不修复就无法展出,只能在库房里睡大觉,无法和观众见面。而博物馆只有修复绘画、青铜器的技术力量,对修复金质文物没有经验。对方抱着试试看的心态,来老凤祥找"外援"。来人再三强调,这是国家二级文物,不能有丝毫的损坏,而且要整旧如旧,不能有任何改动。沈国兴认真听了介绍后,说:"试试吧。"对方第一次送来了两件:一个是花瓶,一个是扁壶。两件文物都瘪得厉害,金壁很薄,和打印纸差不多。沈国兴觉得修复有两种办法:要么用外力牵拉,这样做的缺点是用力不均,这些文物在地下埋藏了1000多年,已经又薄又脆,一不小心就会"破相";要么从内往外慢慢拱,一点点把瘪陷的地方顶出去,这样比较安全,但是瓶口小、瓶颈长,操作难度高。

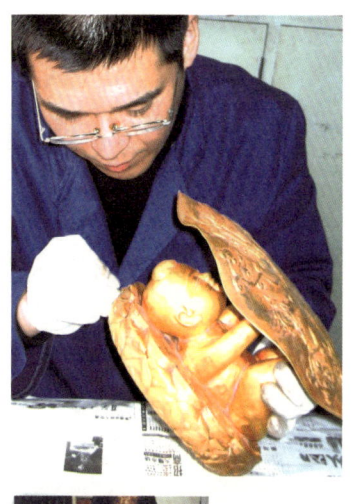

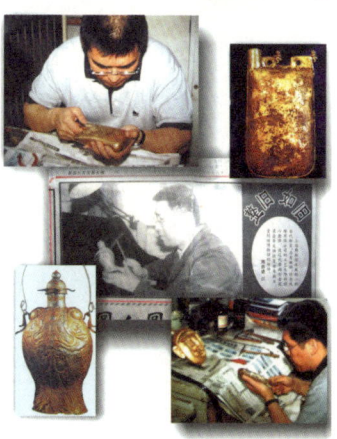

辽代珍宝修复(部分)

为了保险，沈国兴决定用第二种方法。两件文物口子小、瓶颈深，工具伸进去只有很小的调整角度，活动范围小，很难够到，够到了又使不上劲。沈国兴决定自己制作工具。制作工具比修复更艰苦复杂。为了设计制作工具，沈国兴整整花了两个星期。沈国兴用这套自制的工具，像揎鞋一样，一点点将瘪凹变形的瓶体揎成原状。

摘星之旅

- ★ 2003 年获上海轻工控股公司"十大技术能手"称号
- ★ 2004 年获"2001—2003 年度先进工作者"称号
- ★ 2004 年获"2001—2003 年度上海市劳动模范"称号
- ★ 2006 年获"2004—2005 年度上海市十大工人发明家"称号
- ★ 2007 年获"全国知识型职工"称号
- ★ 2007 年获全国五一劳动奖章
- ★ 2008—2009 年度获"上海市突出贡献技师"称号
- ★ 2009 年被评为上海工艺美术大师
- ★ 2010 年被评为全国劳动模范
- ★ 2010 年被评为全国技术能手
- ★ 2011 年获国务院政府特殊津贴

★ 2012 年批准建立上海市技能大师工作室

★ 2012 年被评定为上海市非物质遗产项目传承人

★ 2014 年获上海市五一劳动奖章

★ 2016 年被评为上海工匠

大师工作室
DASHIGONGZUOSHI

沈国兴技能大师工作室于 1996 年 7 月建立，工作室共有 12 名成员。近年来，工作室制作了"静安佛鼎""八仙神葫"等精品 40 多件，其中 10 多件作品获得各类国家级奖项，"仿古金器系列"在制作过程中就被多家机构及收藏家预定。

2011 年初至今，工作室完成的作品销售额达 311.4 万元，

静安佛鼎
（高 88 厘米 宽 88 厘米 108 公斤黄金）

八仙神葫
（高 78 厘米 黄金 4.5 公斤余
翡翠 红宝 白玉等）

为企业创造净利润94万元。近年来,工作室培养了高级技师3名、技师2名,产生2名上海市工艺美术大师,2人获得"全国技术能手"称号,2人获得"上海市杰出技术能手"称号,多人获得区级拔尖及高技能人才称号,工作室在2007—2009年被评为上海市劳动模范集体。

2012年,沈国兴获得上海市技能大师工作室资助项目。技能大师工作室发挥在创新攻关、带徒传技、交流推广方面的积极作用,每年有技能技术攻关成果产出,为企业或行业培养青年技能技术骨干,几年来已培养带领出一批"革新创作能手",他们已成为首饰行业新一代"技术高手"、国内金银摆件工艺技术方面的顶尖人才。工作室同时还承担和参与行业性、区域性技能技术培训、交流、协作和推广活动,为上海高技能人才队伍建设做出了积极贡献。

项目成果

技能大师工作室在"非物质文化遗产"的传承中继续发挥作用,近几年来,工作室创作、设计、制作了一批金银细工的精品:"静安佛鼎""镂金错彩系列""祥龙洪福""灵蛇献瑞""祥龙献瑞""富贵荣华""大吉大利""凤首壶""竹报平安"等。有些作品已被《收藏家》《创意设计源》等杂志

祥龙献瑞
(千足金15公斤 白银 阿富汗玉 老虎石)

收录。《上海工艺美术》《工艺美术》等杂志专刊刊登老凤祥金银细工制作技艺作品。其中"凤仪瑞盈""镂金错彩"已获中国工艺美术品"百花杯奖"金奖。

宣传推广

工作室积极参加全国、上海市、黄浦区、公司举办的各项公益活动和国内各类展览展示宣传推广活动,如全国非物质文化遗产技艺大展、北京非物质文化遗产生产性保护成果展、中国当代工艺美术双年展、全国工艺美术精品及大师展、上海老字号展、上海轻工新品展、上海当代工艺美术精品展、南昌第十三届工艺美术大师展、扬州第48届旅交会、大连全国轻工业展、香港国际珠宝展等。工作室参加北京全国职工优秀技术创新成果奖答辩会及表彰大会(荣获三等奖),代表中国手工艺者参加在印度举办的世界手工艺大展,并做了"金银细工"手工技艺现场表演及图示宣传。工作室在宣传和表演老凤祥金银细工制作技艺过程中,受到中央领导同志和社会各界的赞扬。工作室参与湖南卫视"天天向上"节目"上海老字号"专辑录制,展示和表演老凤祥金银细工制作技艺,节目播出后,引起社会各界强烈反响。

社会效益

工作室积极开展国家级非物质文化遗产生产性保护示范基

地建设，建立对全社会开放的金银细工制作技艺展演基地，形成有非物质文化遗产特色的工业旅游点，受到文化部非遗保护司、上海文广局和黄浦区有关部门的肯定。

工作室采用"金银细工"工艺制作的一系列作品，均得到了良好的经济效益和社会效益，其中大件精品"镂金错彩"仿古系列，荣获"天工艺苑"百花奖金奖，"凤仪瑞盈"镶嵌足金摆件，荣获等13届工艺美术大师展"百花杯"金奖。

企业介绍
QIYEJIESHAO

创始于1848年的民族品牌老凤祥，集研发、设计、生产、销售于一体，拥有多家专业厂、研究所和遍布全国各地的3000多家销售网点，拥有完整的产业链、多元化的产品线。老凤祥旗下黄金、白银、铂金、钻石、白玉、翡翠、珍珠、金镶玉、有色宝石、珐琅、红珊瑚等多品类首饰，以及牙雕、K金眼镜、工艺旅游纪念品等广受好评。老凤祥是中国珠宝首饰业在历史底蕴、规模渠道、品牌价值等各方面领先的龙头企业。

屡破世界纪录的"80后":

张彦

立足岗位、踏实奋进,平凡的岗位上也能创造出不平凡的业绩,铸就自己出彩的人生。

个人简介
GERENJIANJIE

张彦，男，2004年7月—2005年7月在上海沪东国际集装箱码头有限公司任集装箱轮胎吊司机；2005年7月—2006年10月在上海沪东国际集装箱码头有限公司任集装箱桥吊司机；2006年10月至今在上海盛东国际集装箱码头有限公司任集装箱桥吊司机。

行业科普
HANGYEKEPU

集装箱运输与桥吊

集装箱运输是一种先进的运输方式，它利用特制的箱体运送货物，周转快、货物损失少、运费低。集装箱运输始于1966

年,当时美国海陆公司在北大西洋航线上开始使用改装的集装箱船"Fairland 号",从此,可以载运许多集装箱的集装箱船取代了传统的班轮船舶。集装箱运输发展迅速,很快成为水路、陆路、空中运输的一种统一方式。

桥吊又称岸边集装箱起重机,是码头上用于对船舶进行装卸作业的起重机,对靠泊码头的集装箱轮进行集装箱的装船和卸船作业。桥吊的装卸作业效率和作业能力决定着一个码头的吞吐能力。

成长经历
CHENGZHANGJINGLI

2004 年,张彦进入上海沪东国际集装箱码头有限公司,开始成为一名大型机械装卸司机,在平凡的岗位上不断学习和钻研操作技术,快速成长为班组的作业能手和生产主力军。2006 年,张彦进入盛东公司后,保持着认真、积极、刻苦的工作态度,在各项生产工作中做出了一项又一项突出成绩。作为公司的优秀青年、公司的生力军,张彦曾先后 7 次打破了集装箱单机作业效率的世界纪录。2011 年 6 月 16 日,在"北欧亚帕阙"轮装卸作业中,他驾驶的桥吊用 4.17 小时完成了 820 自然箱的卸船作业,创造了每小时 196.64 自然箱的桥吊单机效率,再次刷新了世界纪录,比原世界纪录(163.52自然箱)提高了20.25%,再次彰显了洋山深水港区的区位优势和服务能级。一项又一项骄人的成绩,既为公司做出了贡献、为个人取得了荣誉,也在公司乃至集团的广大青年员工中起到了积极的榜样表率作用。

编写操作法口袋书,做好经验总结

公司青年员工比例始终在60%以上,为了能够帮助更多的青年员工快速成长起来,张彦结合自己屡次打破集装箱单机作业效率世界纪录的经历和操作经验,于2010年总结并编写了《张彦集装箱桥吊操作法》口袋书。《张彦集装箱桥吊操作法》的推出为公司一线员工发现自身操作的不足、提高自身的操作技能提供了良好的渠道,对公司节能减排和安全操作等方面的工作也起到了积极推进作用,在公司形成了良好的学习氛围,并在公司的各项重点工作中起到了推进作用,成为公司持续、和谐、稳定发展的有效保证。

成立张彦劳模工作室,做好传帮带教

正所谓"一花独放不是春,百花齐放春满园"。2011年年底,

以张彦命名的劳模工作室成立，组织开展了一系列的培训带教、科技攻关活动。张彦会同公司几名优秀的桥吊司机组成了辅导小组，采取"面对面、

手把手"的带教方式，对所有一线桥吊司机进行跟车指导，毫无保留地将优秀安全生产操作技能及经验进行分享和传授，帮助桥吊司机强化了操作技能，改正了不良操作习惯，增强了司机在操作过程中的安全防范意识和对危险源的判断能力，带领一线生产团队解决生产过程中的实际问题。张彦劳模工作室在传技带徒、组织攻关、培养人才等方面取得了显著成效。工作室成立至今，已培训新进的轮胎吊司机100余名，对公司现有的近200名桥吊司机进行了操作技能、安全意识的辅导。2012年，通过高师带徒活动，使30多名操作司机得到技能等级晋升，为公司操作人员提升综合素质、提升技能等级提供了平台。

积极开展科技创新，做好岗位挖潜

近年来，张彦劳模工作室团队针对码头作业存在的问题，通过提出合理化建议、开展技术攻关等方式，完成了"岸边集装箱起重机吊具存在箱外闭锁问题""故障报修系统""交接班效率项目"等12个项目的攻关，其中多个项目弥补了"双起升、双40英尺桥吊"使用管理上的缺陷。"新型桥吊节能操作方法"项目的推广应用，为公司每年节省约128万元的能源消耗；"交

接班效率项目"的开发应用使公司整体交接班效率和质量有了显著提升。

争当集团首席技师,做好推广应用

2011年,张彦被聘为集团的首席技师,作为"首席技师"团队的领路人,如何保持这个团队的先进性,如何令更多的优秀人才加入这个团队,这些都是张彦不断思索的问题。张彦以集团所属的教育培训中心开设的首席技师工作室为平台,充分发挥首席技师的作用,完善并推进企业内高技能人才培养和评价、高师带徒、技能竞赛等活动,加快高技能人才队伍的建设。张彦通过与集团教育培训中心协作开设针对技师人才培养的辅导班,为集团和公司培养出更多更优秀的人才。同时,张彦积极为集团《桥吊操作守则》的编写出谋划策,使集团形成一套统一、完善的桥吊司机培训辅导材料,为集团的长期发展及人才培养形成一个良好的教育体系。

多年来,张彦劳模工作室培养了大量的年轻司机。张彦毫无保留地将自己多年来积累的操作经验与年轻同志进行分享,成为青年学习的榜样和典型,在上海国际航运中心建设的最前沿贡献自己的青春、智慧和力量。

摘星之旅
ZHAIXINGZHILV

★ 上海市新长征突击手

★ 上海市五四青年奖章

★ 上海市杰出青年

★ 上海市杰出技术能手

★ 2007—2009年度上海市劳动模范

★ 2010—2015年度上海市劳动模范

★ 上海市五一劳动奖章

★ 上海市优秀共产党员

★ 全国交通技术能手

★ 全国技术能手

★ 全国五一劳动奖章

★ 2010—2015年度全国劳动模范

★ 全国优秀共产党员

★ 2016年度感动上海十大人物

★ 全国青联常委

★ 上海市团市委常委

大师工作室
DASHIGONGZUOSHI

张彦技能大师工作室由技能大师张彦任室长,并由一批执行能力强、业务技术精、综合素质高的先进工作者组成。2013年,张彦技能工作室正式启动试运行,按照工作室的职责和任务,明确工作目标和计划,制定工作室的相关规章制度,认真做好每次活动和每项工作的记录,建立工作室经费使用情况的台账,采取各项有力措施,积极协调,扎实推进,确保工作室的有序运行。

为培养更多的一流岗位能手,将创先争优成果体现在提高员工综合素质、提升企业服务能级上,不断满足公司持续快速发展的需要,技能大师工作室以贯彻落实科技兴港战略为指导,以"忠诚敬业、强港立人"为导向,以公司"三个一流"标准为目标,紧紧围绕企业生产中心。工作室不断整合各种现代港口生产技术信息资源,充分发挥技能大师先进的引领作用和高技能人才的团队优势,结合"双倍"工程建设,积极开展成员培训、技术交流及参与科技创新项目攻关等活动。工作室为员工搭建提升素质、提高技能的多种平台,激发员工的创新激情和活力,努力营造技术创新的有利条件,出精神、出成果、出人才,为推动公司的技术进步、管理创新和人才培养,保持又好又快发展做出贡献。

企业介绍

洋山港区是天然的深水良港,同时也是国内首个保税港区。作为一期、二期码头经营方的盛东公司拥有成熟的生产组织体系、完善的计算机管理系统、先进的设施设备和高素质的员工团队。公司将以一流的管理倾力打造世界一流的现代化集装箱码头企业,为上海国际航运中心建设做出突出的贡献。

上海盛东国际集装箱码头有限公司(简称"SSICT")由上海国际港务(集团)股份有限公司投资建立。公司于2005年5月31日正式成立,负责经营管理洋山深水港区一期、二期码头。在"事业为先"的核心价值引领下,公司在全体员工中培育以下八种企业精神:使命在肩的敬业精神;永不满足的进取精神;勇创一流的拼搏精神;不断学习的探索精神;勇于改进的创新精神;言行一致的诚信精神;不计得失的奉献精神;协作互助的团队精神。

以上八种企业精神是公司应对一切挑战、战胜一切困难最重要的精神动力,具备这些精神的员工是公司最宝贵的财富。在八种企业精神的激励下,公司在全体员工中倡导以下三种工作作风:"当日事、当日毕,只争朝夕,时不我待"的工作作风;"大胆管理、严格管理、精细管理、有效管理"的工作作风;"勇于挑担、敢于负责、善于沟通、精于技能"的工作作风。

工匠精神宣传丛书

空调领域的机械大师：

陆忠明

　　路在脚下，只有不断往前走、不怕挫折的人，路才会越走越宽。脚踏实地练就过硬的本领，努力掌握高超技能，你就是未来的工匠。

个人简介
GERENJIANJIE

陆忠明,毕业于上海市第三高级技工学校,从小就与机械结下了不解之缘,喜欢动手制作各种小玩意儿。2000年,他从一家大型国企进入大金空调,在当时的设备保全组担任普通的技术员,现任大金空调(上海)有限公司生产技术部设备保全课课长。陆忠明是上海市杰出技术能手和上海市首席技师,其参与创设的"陆忠明技能大师工作室"被评为国家级、上海市技能大师工作室。

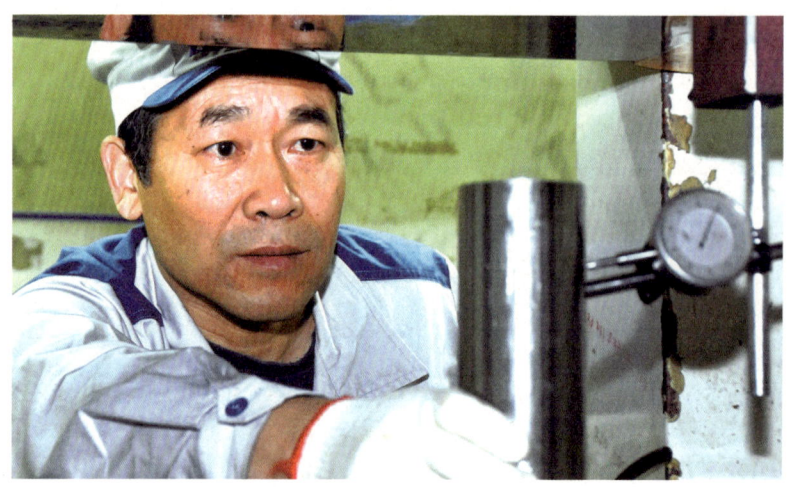

行业科普
HANGYEKEPU

空调

简单地说,空调就是把空气调节成人们所希望的状态(比如舒适的体感)。

学术上的定义：空气调节是一种根据舒适或工艺的需要、在局部范围内将自然状态下的空气状态参数进行调控的技术。实现空气调节效果的装置或设备叫"空调器"，日常生活中往往称为"空调"。

空调主要由四大部分组成：压缩机、冷凝器、节流装置、蒸发器。

可升高气体压力的部件称为压缩机，压缩机通过调节压力的高低，就可以使冷媒不断循环达到持续制冷的效果。

冷凝器和蒸发器可以统称为热交换器。蒸发器和冷凝器中冷媒在液态和气态之间转换，并与外界进行热量交换。

降低液体压力的部件称为节流装置。节流装置通过调节压力的高低就可以使冷媒不断循环达到持续制冷的效果。

空调由压缩机、冷凝器、节流装置、蒸发器连接成封闭管路结构后，通过冷媒不断循环来达到制冷或制热的效果。

制冷是通过气态、气液混合态、液态转化来实现的。制热是通过液态、气液混合态、气态转化来实现的。

冷媒是空调管路内将低温部位的热量传递到高温部位的物质，如氟利昂、水等很多物质可作为热传递的媒介。

空调的生产过程离不开设备加工、人员的操作安装。在生产过程中，人和设备的加工是保证产品质量、成本控制的关键部分。作为一名设备维修工，看似非常普通的工作岗位，但却肩负着为产品质量保驾护航的重任。设备加工不好直接会导致产品质量下降，加工成本上升。所以对设备维修工来说，维护好、维修好加工设备可直接使产品质量提升和成本下降。

成长经历
CHENGZHANGJINGLI

2000年，陆忠明从一家国企进入大金空调有限公司工作，在当时的设备维修组担任普通的维修员工，企业熟悉设备的老员工已经离职，没有师傅传教，他唯一能依靠的只有自己。在这十几年的工作中，通过自己在业务上不间断地努力学习、刻苦钻研，他从一名普通员工成长为技师、高级技师，2010年被评为上海市杰出技术能手，2012年被聘为大金空调首席技师，同年入选上海市千人计划资助并被评为上海市首席技师，2014年经上海市级部门审批同意成立技能大师工作室，2014年被评为第十二届全国技术能手，2015年被评为上海市劳动模范，2015年经上级部门审批同意成立国家级技能大师工作室，目前承担着公司1200多套生产空调设备的日常运行和维护，是公司生产设备维护、节能、技术攻关及员工技能提高培训的领军人物。

爱岗敬业，甘于无私奉献

2014年公司向社会招收了66名残障人员，为了让残障人员圆大学梦，公司和上海开放大学开展校企合作，设立大金班，陆忠明大师被聘为兼职老师，他利用星期日休息时间无私为残障员工教学上课。

育人亦育己，做好传、帮、带

陆忠明勤奋好学，积极钻研，不断吸收新知识，拓宽知识层面，提高业务能力。在这几年工作中在业务上通过不断努力学习、刻苦钻研技术，他从一名高级钳工提升到技师、高级技师，2012年被评为上海市首席技师，使自身业务技能得到很大进步。2012年10月，他在日本参加了大金集团全球11个国家的奥林匹克技能比赛，获得第4名的优秀成绩。他悉心辅导，毫无保留地传授自己所掌握的绝技绝活和积累的工作经验，通过传、帮、带，培养了一大批技术员工。他每年培训360个小时，制定培训课题16项，并制定了6项技能竞赛课题。他带徒25人，其中1人成为上海市首席技师，2人成为高级技师，6人成为技师，8人成为高级工，在2015年机电技能比武竞赛中1人荣获中国地区冠军，连续2年在公司技能比武竞赛中包揽机电前三名，3人荣获3个冠军。

一花开放不是春、百花齐放春满园，多年来陆忠明在平凡的工作岗位上兢兢业业、任劳任怨、埋头苦干，做出了不平凡的业绩，努力用自己的行动去培养一批又一批高技能人才，为企业分忧解难。

刻苦磨砺，技术攻关勇争先

作为一名技能人员，必须不断学习，不断提高自己技能，还要将所学技能技术转化为成果，不但要为企业做好技能传承工作，还要为企业分忧解难，解决生产一线实际问题。

公司有很多热交换器加工专用设备都是日本进口的，设备备品备件及损耗品每年都从日本进口购买，如螺纹夹模、切割刀片、弯管头等高值类部件，采购周期长、价格贵，购买经费每年300多万元。为了降低进口部件的成本，缩短采购周期，2012年，陆忠明提出进行国产化替代。由于都是进口设备，且国外供应商不提供部件图，他经过1年多时间刻苦钻研，进行部件图设计、原材料研究、加工工艺优化、技术上改进改善，目前已对18种进口部件进行了国产化替代，为公司节约经费400余万元。

2014年，有2台立式阔管机每年生产不良品报废金额85万元左右，公司之前要求设备厂家对设备进行修理和调整，但效果不理想。公司决定由陆忠明带头攻关难题。通过1个月的现场研究、结构分析，他们找出了问题点，决定对旋转机构和定位装置进行改造。通过2个月的设计和部件加工，他们将原来油缸齿轮旋转改造成伺服电动机旋转，并追加了一个机械导向辅助定位，从而将定位精度从原来2~3毫米提高到0.5毫米。通过改造，该设备2015年比2014年报废金额节约65万元左右，生产能力提高15%。

技术革新敢探索，为企业增产节能做贡献

公司是空调制造厂，空调热交换器加工焊接要使用到可燃气体，目前使用的是30千克液态霞普气钢瓶。夏天环境温度比较高，钢瓶内部液态气化可以满足生产供气量，但是到了冬天环境温度下降到0℃以下，再加上生产量的上升，液态霞普气钢瓶本身气化装置已来不及供应生产线使用需求，经常供气不足，影响流水线生产。为了应对生产，将满瓶液态气瓶使用到2/3就更换下来，浪费很大。为了减少流水线停机时间并降低用气量，他主动提出要改善供气方式来满足生产需求。在公司领导和同事的支持下，他查阅了大量技术资料，采用了强制

热水加热装置使液态100%快速充分气化而且不受环境温度变化影响,从而解决了这一供气难题,而且3年为公司节约霞普气经费120多万元。

2012年,公司展开了针对翅片冲床加工油能源节约工作,他主动提出承担节能改善工作。经过3个月的刻苦钻研和改进技术,他将公司3台能耗大的喷油装置节能改善,为公司每年节约能源30万元,受到公司领导表扬。

2013年,公司有8套德国进口的施迈茨气动吸吊设备,此设备每年都要对风门控制装置进行维修更换,部件是从德国进口的,价格非常高,为了降低部件成本,陆忠明通过自己测绘改进部件。目前已使用自己设计改良的部件替代进口部件,为公司每年节约经费16万元。

2014年,公司开展节能排查工作,他主动提出两个车间内有4台低压空气冷冻干燥机目前使用的是浮子式排水装置,在排出管道内水分的同时,气体也一起排出,气源浪费很大。为了降低气源浪费,经过大量技术学习及咨询,陆忠明采用一种浮子感应加电动阀门控制,只排出水分而气体不被排出,从而使冷冻干燥机排水装置节约气源折合经费每年大约10万余元。

摘星之旅
ZHAIXINGZHILV

★ 2010年被评为上海市杰出技术能手

★ 2012年被聘为大金空调首席技师、同年入选上海市千人计划资助项目、被评为上海市首席技师

- ★ 2014年批准建立上海市技能大师工作室
- ★ 2014年荣获"第十二届全国技术能手"称号
- ★ 2015年荣获"2010—2014年度上海市劳动模范"称号；批准建立国家级技能大师工作室
- ★ 2016年享受国务院政府特殊津贴

大师工作室
DASHIGONGZUOSHI

陆忠明技能大师工作室成立于2014年。公司为工作室提供了200平方米实训场所，累计投资了80万元为员工购买技能培训专用设备，还为工作室提供了20平方米办公场所，配制了由7人组建的工作室团队。公司把大师工作室作为技术平台，为公司解决生产一线上碰到的技术疑难问题。

工作室工作重心主要是对公司内疑难故障设备进行技术攻关改善，对老旧设备进行改造以延长设备使用寿命，对能耗高的设备进行节能改造，对进口设备易损耗部件进行国产化技术攻关替代，降低公司对设备的维护成本。工作室带头开展技术创新，利用自动化控制来减轻操作员工的劳动强度，提高生产效

率，指导一线技术员工进行技能提高培训。

从2014年工作室成立至今，陆忠明技能大师工作室已为公司主持了多项技术改造和攻关项目，先后攻克了进口设备改造、进口设备部件国产化技术难题。大师工作室还承担了生产过程中的节能减排项目，以及解决了多项设备疑难故障。大师工作室还为公司培养了一批高技能人才，为企业未来发展做出了贡献。

企业介绍
QIYEJIESHAO

大金空调（上海）有限公司位于上海市闵行区莘庄工业区，成立于1995年11月18日，占地面积13万平方米，投资金额9900万美元，由大金工业株式会社、上海轻工业对外经济技术合作有限公司、大金（中国）投资有限公司共同投资建立。大金从1995年开始中国事业的开拓之路，大胆引进了先进的天花板嵌入式空调，填补了当时中国市场此项技术的空白。1999年，大金生产了中国的第一代VRV（变制冷剂流量）空调系统。现在，大金实现了以VRV空调系统为主要产品的差异化产品阵容，是世界上最大的VRV空调系统生产基地。

20多年来,大金空调(上海)有限公司依托日本大金世界领先的空调专业技术和制造经验,通过全员的努力,不断开发出适合中国市场、高效节能、绿色环保的空调,以领先的商品与技术为保护环境做出贡献,赢得了广大用户的称赞,在市场上形成了良好的品牌声誉。大金空调(上海)有限公司的发展得到了社会和政府的肯定,先后被认定为上海市高新技术企业、先进技术企业、双密集型企业、上海市节水型企业、上海节能先进集体、闵行区环境友好企业、闵行区创建和谐劳动关系模范企业、闵行区第二批循环经济试点企业、上海市企业文化示范基地,并连续六届被评为上海市文明单位。

专注技术创新铸就"铁军工匠"：

陆凯忠

只要学会独立思考、善于总结，做到用心钻研、勇于创新，工人一样可以有所建树、受人尊敬。

个人简介
GERENJIANJIE

陆凯忠，1972年生，1991年进入上海市基础工程集团有限公司（简称"基础集团"）工作，大专学历，高级技师，中共党员，现任基础集团电工组长、劳模创新工作室负责人。

20多年来，他始终以坚持当一名学习型、创新型、技能型技术工人为理想目标，自强不息、勤奋好学，认真学习电气专业知识；始终爱岗敬业、尽心尽职，坚持奋战在施工一线；坚持刻苦钻研、技术创新，积极攻克盾构电气疑难杂症；坚持精益求精、一丝不苟，积极践行工匠精神；坚持脚踏实地，一步一个脚印，一次次摔打磨炼，逐步成长为一名合格的蓝领工人、铁军工匠。

行业科普

盾构法施工

盾构法是暗挖法施工中的一种全机械化施工方法,是将盾构机械在地中推进,通过盾构外壳和管片支承四周围岩,防止隧道内部坍塌,同时在开挖面前方用切削装置进行土体开挖。通过出土机械运出洞外,靠千斤顶在后部加压顶进,并拼装预制混凝土管片,形成隧道结构的一种机械化施工方法。

盾构机

盾构机是一种隧道掘进的专用工程机械。现代盾构机集光、机、电、液、传感、信息技术于一体,具有开挖切削土体、输送土碴、拼装隧道衬砌、测量导向纠偏等功能,涉及地质、土木、机械、力学、液压、电气、控制、测量等多门学科技术,可靠性要求极高。盾构机已广泛用于地铁、铁路、公路、市政、水电等隧道工程。

盾构设备维保人员的工作

盾构机运行于地下开挖空间,运行环境极其复杂。地下管线、桩群、各种建筑物基础,以及复杂的地质情况都会给盾构机的安全运行带来不可预料的后果。盾构机能否精心控制、安全运行直接影响到地面建筑的安全、地下管线的安全。所以,盾构设备维保人员的责任重大。在盾构机运行过程中,盾构设备维保人员需要为设备保驾护航,时刻关注设备的运行状况,一旦出现状况必须及时解决，使盾构机始终运行在最佳状态。盾构机退场保养也是盾构设备维保人员的一项重要工作内容，严格按照设备保养规程进行保养，及时更换损坏的或者有隐患的部件，对盾构设备进行清理，按出厂条件对盾构机进行各项调试，是保障盾构机安全运行的基础。

成长经历

秉持一个理念

陆凯忠始终秉持一个理念：要么不做，要做就要做好。他热爱自己的岗位，热爱自己的专业道路。他深知只凭满腔热血做工作是远远不够的，只有通过强化学习、取长补短、与时俱进，只有保持与新工艺、新技术的同步更新，才能达成目标。他充分利用"工作前期、工作间隙、闲暇时间"的三段式学习模式。在着手工作前进行模拟，将工作步骤在脑子里像电影一样演示一遍；在工作间隙回忆操作过程中存在的可以提高的部分；在闲暇之余审视自身的不足，参加业余培训，始终保持求知的热情。从技校毕业来到基础集团后，陆凯忠利用在工地工作的业余时间到上海理工大学学习，取得机电一体化专业大专文凭，并且通过了工程师职称评审。根据企业需要，他自学考取了机电专业一级建造师，目前正在攻读华东理工大学自动化专业本科。

他先后参加了海口开发区、沪东造船厂，以及上海、福州、天津等地轨道交通项目20多个工程的施工，立足盾构掘进项目，坚持在盾构电气领域刻苦钻研、创新，不断潜心研究应用专业设备的电气施工技术,帮助项目解决一系列施工难题。他先后被评为建工集团自学成才、爱岗敬业的优秀技术工人,上海市工人发明家,全国建设系统技术能手,全国优秀技术能手,上海市及全国劳动模范等。

专攻一项技术

作为盾构施工关键工种的电工组长,为工程服务破解难题是陆凯忠的主要任务。他坚持在施工一线,刻苦钻研盾构电气专业技术,不断挑战技术难题,结合多年工程实践经验,发明了国内首创的"网格式盾构水力机械自动控制系统""潜水作业自动报警器";结合进口盾构机使用情况,改写日本盾构操作手册数据;翻译了工程急需的200多页设备电气、液压原理资料;编写了10万字的《盾构机电气》教材;并多次赴日本盾构生产厂家参与进口设备的谈判。

项目的需求就是他努力的目标。立足提高盾构施工自动化水平,他对开发使用PLC(可编程序控制器)程序做了积极尝试,PLC技术现已成为他创新实验的"工作母机"。在北仑电厂的循环水工程中,他自主设计研制了两个网格式盾构自动控制系统进行试水,调整编程内容,整体提升了网格式盾构技术含量,使盾构机操作简单化、模块化、智能

化、一键化。在天津地铁项目的施工中,为了解决盾构机远距离监控的难题,他自主研发了"盾构远程数据采集分析系统",使远在1100公里外的天津地铁盾构掘进各类动态信息及时在企业局域网上显示,达到了真正意义上的远程异地监控。在福州地铁施工中,他针对福州市岩石土层地质情况,结合德国"海瑞克"盾构进行水循环系统的改造、油压嘴改造等,仅盾构类的"双献五小成果"就有6项。在对上海轨交12号线12标、13标两个标段、三个区间、6台盾构机同时进行安装、调试工作中,他连续奋战80天,将所有盾构全部安

装调试完毕,使项目部顺利提前完成各工程施工节点,为项目施工保驾护航。经过多年实践,他先后累计技术创新、发明创造16项,设备方面的技术改进和技术改造12项,提出合理化建议27条,申请并获得专利3项。

摘星之旅

- ★ 2002年被评为上海市职工职业道德先进个人
- ★ 2003年被评为全国建设系统技术能手、上海市建设功臣
- ★ 2004年获全国五一劳动奖章、被评为全国建设系统劳动模范
- ★ 2005年被评为全国劳动模范、上海市三学状元、上海市十大工人发明家、上海市杰出技术能手,获上海市五一劳动奖章
- ★ 2006年被评为全国技术能手
- ★ 2007年被评为上海市劳动模范
- ★ 2009年被评为上海市突出贡献技师
- ★ 2013年享受国务院政府特殊津贴
- ★ 2016年被评为上海工匠、上海市职工职业道德建设十佳标兵个人

大师工作室

2004年5月,基础集团成立了"陆凯忠工作室",这为陆凯忠和他的团队提供了一个更好的平台,他把自己在实践中积累起来的经验积极与大家分享,与大家共同进步。他们共同努力学习自动化编程,总结提炼盾构施工经验,为企业电气操作工编制培训教学大纲,编写了网格式盾构、NFM(企业名称)

盾构、三菱铰接式盾构、石川岛双圆盾构等各种类型盾构机电气原理及操作技术教材。

陆凯忠团结带领工作室同事积极攻克施工难题，形成了一支善打硬仗、勇于创新、敢于突破的高技能蓝领队伍。他们大胆实践大盾构维修保养工作，成功实施了轨道12.26标工地首台盾构转场；编制了双圆盾构改造的监造大纲、监造细则；完成了福州地铁1号线"海瑞克"盾构机水箱的改造和安装；完成了"海瑞克"机电设备的研究与改进、PLC自动化系统研究、大型盾构机保养维修的探索等前沿课题。针对工作室建设中的薄弱之处，他牵头制定了"劳模创新工作室考核管理办法"，通过"工作室成员评分表"和"技术工人人才库考核表"强化工作室成员的考核机制，关注工作室成员的发展现状。在工作室发展和总结的过程中，陆凯忠意识到盾构电气运用领域可以进行拓展，于是与基础集团设计研究院、第三工程公司共同研发了深基坑钢支撑轴力自动补偿系统、设计改造了隧道维护专用的钢环拼装机。工作室先后被评为上海市模范集体、全国示范性劳模创新工作室和全国技能大师工作室。

企业介绍

上海市基础工程集团有限公司为上海建工集团股份有限公司全资子集团,是具有悠久历史的深基础、大型桥梁等工程专业施工企业。经过近百年的发展,基础集团形成了大型桥梁、地下顶管、隧道、地下围护结构、沉井、桩基与地基加固、水工港口及钢结构加工与安装专业施工体系,具有国家市政公用工程施工总承包一级资质,公路和房屋建筑工程施工总承包二级资质,地基基础、管道、桥梁等工程专业承包一级资质,城市轨道交通专业级资质和港口与海岸工程专业承包二级等资质,通过了质量、环境和职业健康安全管理体系认证。

基础集团曾荣获全国五一劳动奖、上海市质量管理奖,被评为建设部文明单位、全国优秀施工企业、全国用户满意施工企业、上海市文明单位、上海市优秀公司、上海市用户满意企业、上海市高新技术企业、上海市创新型企业等。基础集团承接的一批科研项目分获国家级和市(部)级科技进步奖(其中国家科技进步一等奖7项),所建设的工程中获国家优质工程金质奖5项、鲁班奖7项。

工匠精神宣传丛书

SHANGHAI
JINENGDASHIFENGCAI

率创新工艺的技术能手：
陈志农

努力工作、不断创新才是工作的真正意义。

个人简介

陈志农,男,1957年12月出生,汉族,中共党员,江南造船集团船舶钳工高级技师,爱岗敬业,不断探索和创新,掌握了一套船舶轮机的安装、调试以及维修等技能。陈志农曾被评为上海市及中船总公司劳模、优秀技能标兵、船舶公司优秀党员、船舶工匠、全国技术能手、上海市十大工人发明家等。他凭借自己的经验,以高效、优质打造一流品牌的精神,为国防高新产品和高附加值的船舶建造,发挥了应有的作用,攻克了一个又一个难关。近5年来,他在船舶安装、调试中有所创新,有所发明,获得国家级专利6项,提出了多项新的工艺方案,在公司生产实际中得到了应用,填补了多项国内空白,并在2012年获得国务院政府特殊津贴。

行业科普

船舶钳工

船舶钳工在船舶建造过程中的主要工作内容是船舶主机、辅机的定位、安装、调试,船舶舵机的定位、安装、调试,船舶轴线、船舶舵系的定位、找正对中,甲板机械的定位、安装、调试,空调、冷藏机械等设备的安装、修理(勘验、拆装)以及相关工装件的研制。

成长经历

陈志农是江南造船(集团)有限责任公司总装部船舶钳工高级技师,从事船舶轮机钳工的安装及设备调试工作40年左右。长期以来他大胆创新,不断探索,积累了一套船舶轮机的安装、调试以及维修等独特的成功经验。在近10年时间里,他以"努力奉献、不断创新"为工作座右铭,有所创新,有所发明,先后获得国家发明专利"吊舱式电力推进装置安装用多功能工装设备",国家实用新型专利"基座安装工装设备""救生框"等10项,并填补了多项国内空白。他所撰写的《高新产品弹

性长轴系对中工艺研究》等数篇中国军事科技报告,在公司的生产实际中得到了应用。

为实现公司建造的巴拿马型76000吨散货轮年建造12批次的目标,他协调多方研究,制作出了一套集轴系拉线、照光、镗孔、轴舵系衬套压入、艉轴及艉密封装置的安装等功能于一体的综合作业平台,并利用安装平台的液压升降和四方位位移的功能,灵活调整作业平台的三维位置,达到精度造船的目的。综合作业平台可以根据各种作业需求快速拆卸(估计用时1~1.5小时),能够有效缩短施工周期,形成合理规范化的艉部作业流程模式,适应总装造船。在平台周围装有栏杆和固定扶梯,有利于安全生产,从而缩短镗孔等作业的周期10天,工效提高6倍以上,该工装的设计还荣获了上海市优秀发明选拔赛优秀发明铜奖。

某型高新产品的主船体是特种材料箱体结构,主甲板距基线高仅1300毫米,双轴系布置在主甲板以上1800毫米处,经减速后的输出转速达1060转/分钟,单机功率7355千瓦(10000马力)。由于是特种材料船体,轴系对中安装过程受温度变化的偏移值和偏折值昼夜相差很大,因此他成立了课题攻关组,通过工艺研究,有效提高了轴系的安装质量,同时还潜心研制了一整套的轴系对中工装,确保双轴系安装始终在可控的状态下进行,满足了总体所对轴系安装的要求,提高了轴系的安装质量。经试验,轴系在各种情况下运行完全满足设计要求。此型船设计工装,先后获得国家专利6项,填补了多项国内空白。

该船主船体采用低磁钢材,是新型高新产品。在主机组和推力轴承螺栓孔钻孔过程中,当刃具进入到低磁钢区域时,切削非常困难,刃具磨损严重,铰制螺孔的加工成了轴系设备安装的最大难点。为此,他组织技术人员进行攻关,研究刃具的选用、冷却液配方、钻孔设备转速控制、铰孔设备转速控制等,做了大量的试验后,他专门设计制作了一套铰制螺孔加工工装,使螺孔加工精度达到甚至超过了工艺图纸的要求。

某高新产品是我国迄今建造的最为先进的海洋公务执法船。它的推进装置是吊舱式电力推进装置。施工时既要保证每个螺孔和装置安装面中心点的同轴度,又要保证舵桨装置吊装时每个螺栓都能够顺利穿入。施工时既有位置要求,同时还要保证安装平面分别向船舯倾斜5°、向船艏倾斜3°的角度要求。

陈志农经多次论证,设计制作了一套多功能工装,以满足设备对安装的技术要求。根据施工阶段的需要,多用工装还具有中心定位、调整平面、辅助装焊、平面检测、配钻等五大功能。它不仅保证了舵桨装置的安装精度,也提高了工作的

效率，操作也简易方便。这一工装的研制获得了国家发明专利。

该综合工装的研制成功，使得舵桨装置省却了许多烦琐复杂的工序，因此得到了船东和设计部门的一致肯定和好评。舵桨装置服务商在评价整个施工状况时说："对你们的安装质量感到非常满意，对你们研制的工装感到非常非常满意，它不仅保证了舵桨装置的安装精度，也提高了工作的效率，而且简单明了易操作。为保证该船按时下水争取了宝贵的时间，也为后期安装吊舱装置提供了可靠的保证。"

摘星之旅 ZHAIXINGZHILV

★ 1993 年被评为中国船舶工业总公司劳动模范

★ 1994 年被评为上海市劳动模范

★ 2004 年被评为中国船舶工业集团公司技术能手

★ 2010 年被评为全国技术能手

★ 2013 年被评为上海市十大工人发明家

大师工作室 DASHIGONGZUOSHI

2012 年 3 月，国家级"陈志农技能大师工作室"挂牌成立，由船舶钳工工种的中级工、高级工、技师等 12 人组成。工作室以项目攻关为主要依托、课题研究为重要方式、教学研讨为主要内容，在各相关部门的支持配合、人力资源部的组织协调下，自主开展技术研究和培养优秀技能人才的工作。工作室通过开展项目攻关、技术培训、讲座交流等活动促进优秀技能人才加速成长，打造公司的人才梯队。

工作室对尚未开工的项目，特别是高新产品和高附加值船舶，未雨绸缪提前介入，通过和部门协调，对其中关键和重要部件展开重点研究和攻关，设计和制作必要的工装设备，保证在产品建造中发挥作用。对船舶安装调试中出现的疑难杂症，工作室利用技术优势，展开集中攻关。

目前，工作室成员经过集体攻关，完成了包括安装及检测工装在内的各项技术攻关和工艺改革项目7项。近4年来，工作室通过讲座、工艺培训、等级工培训等形式授课352课时，已经将7名高级工带教成技师。

企业介绍
QIYEJIESHAO

江南造船（集团）有限责任公司是中国船舶工业集团公司下属的大型现代化造船企业。其前身是创建于1865年（清朝同治四年）的江南机器制造总局，1953年改名为江南造船厂，

1996年作为中国首批百家现代企业制度改革试点单位,改制为江南造船(集团)有限责任公司。

2005年,为配合上海世博会的召开,公司开始搬迁至长兴岛,并于2008年完成公司整体搬迁。目前,公司已经成为集船型研发、建造、维修为一体的、技术实力最强、设施最先进、生产军民品种最多的现代化综合造船基地,也是中国第一军工造船企业。

江南造船(集团)有限责任公司为中国船舶工业集团公司的全资子公司,主营业务为军工产品、船舶设计、开发、修造、技术转让、机电设备和机械设备制造、海洋工程、钢结构制造、金属材料、货物装卸。公司资信等级为AA级。

现今的江南造船按照现代化造船模式的要求规划布置,并按区域化生产组织体系进行造船生产,形成了军民结合的现代化总装建造生产线。公司拥有现代化的军、民品建造体系,不仅完全具备承接各类水面、水下高新产品的能力,同时完全具备各类民用船舶建造能力。

SHANGHAI
JINENGDASHIFENGCAI

潜水英雄铸就上海打捞精神:

以敢于担当的品格和执着的追求,不断突破极限,扎实成长,努力做到人人有绝活、个个有特长。

个人简介

金锋,男,1966年9月出生,大专学历,中共党员,国家一级潜水员,饱和潜水监督,现任交通运输部上海打捞局工程船队副队长。金锋被评为2004年度救捞系统救捞勇士,2006年度救捞系统救捞功臣,2006年度上海市技术能手,2004—2006年度上海市劳动模范,2007年度局氦氧饱和潜水"潜水英雄",2010年全国交通技术能手、全国交通运输系统先进工作者、全国劳动模范,担任上海市第九届党代会代表、第十二届全国人大代表。

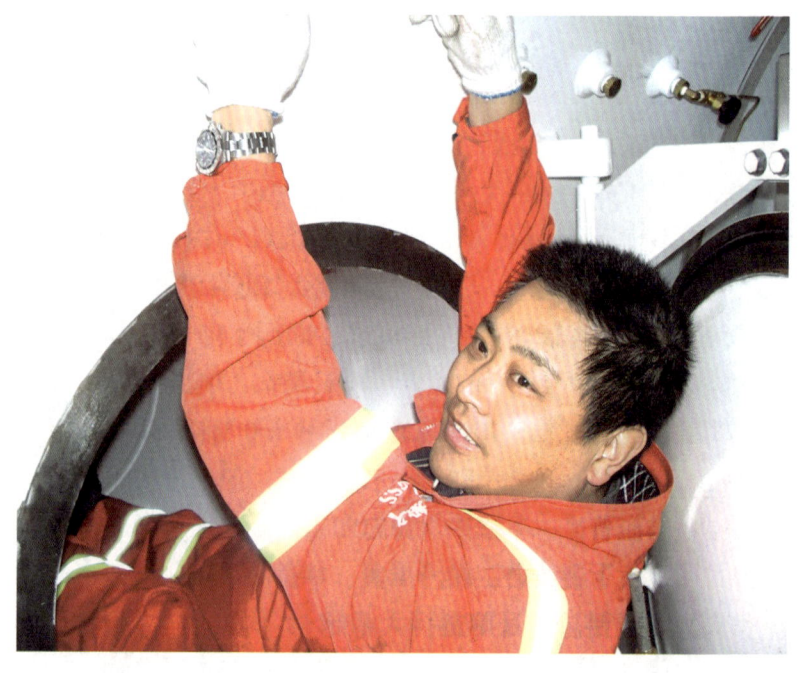

行业科普

常规潜水与饱和潜水

潜水员从水面（常压）出发进行潜水，完成潜水后，直接（经过减压）返回水面的这种潜水方式为常规潜水。

潜水员从水下某个深度（这个深度通常称为饱和深度或居住深度，或者是相当于该深度水压的高气压环境）出发潜水，完成本次潜水后，再返回到居住深度休息，潜水、休息可多次反复，待预定潜水作业任务完成后，再一次性减压返回水面（常压）。这种潜水方式称为饱和潜水。

潜水员在水下某深度或相当于该深度水压的高气压环境中长时间停留，呼吸气体中的中性气体（氮、氦）就逐步溶解到人体组织中去，人体组织中中性气体的分压就达到与呼吸气体中该中性气体的分压平衡（完全饱和）。在这种情况下，潜水员在该深度无论再停留多久，人体组织中的中性气体不会再增加，因此减压时间也不会因停留（潜水）时间延长而再增加，从而大大延长（从理论上讲是无限延长）了潜水作业时间，潜水员可以有充分的时间完成水下作业，随后一次性减压（尽管减压时间很长）返回水面（常压）。

成长经历

身先士卒，开启中国通往"世界潜水巅峰"的大门

2006年年末，上海打捞局承包番禺单点立管修复工程，第一次运用氦氧饱和深潜水工程作业取得成功，实现了中国氦氧饱和深潜水工程作业零的突破，中国救捞事业向深海进军迈出了关键的一步。意义在于不断拓展人类的生存空间，打破国外饱和潜水垄断局面。意义堪与"神六"媲美，标志着中国在开发海洋领域中攀登世界高峰征途上的新里程碑和伟大创举，开启了中国通往"世界潜水巅峰"的大门。当时，为了能啃下这个硬骨头工程，各级领导非常重视，在参战人员的安排上反复斟酌，先后调遣潜水技术好、身体素质佳的潜水员到番禺工地，金锋同志也被选中参加这一工程的施工。由于200米饱和潜水设备和项目都是首次投入使用，作业又深达水下100多米，无论是设备或是操作，如发生任何一项设备故障或操作失误，都有可能造成无法挽回的损失，甚至威胁宝贵的生命。这无论对潜水员的精神意志、还是技术与体力而言，都是极大的考验。在生活舱内，当潜水监督问道："第一组，谁先下？"党员潜水队队长金锋毫不犹豫地说："我是潜水队长，我先下。"关键时刻，他自告奋勇，克服种种顾虑和心理压力，带领其他5名党员潜水员一起承担了第一批下潜作业任务。关键时刻，金锋毫不退缩、义无反顾地冲在了前面。此次任务主要是拆换与海底石油平台连接

的两根损坏的海底输油管。海下作业期间，金锋和其他5位同志休息时生活在有12.5千克压力的生活舱内，工作时经过渡舱进入潜水钟，再由潜

水钟送至100米的深海中停留，然后从潜水钟中出来独自完成拆换、电氦氧切割等工作。金锋和其他5位队员发扬一不怕苦、二不怕累的连续作战精神，每次轮流在海底工作长达近8个小时，最深潜水记录达到105米，终于凭借高超的潜水技术圆满完成了各项任务，荣获了局氦氧饱和潜水"潜水英雄"的称号。

不畏艰险，勇挑重担，创106米氦氧表面潜水新纪录

金锋同志参与了"春晓"油田水下漏浆点的修复工程、"春晓"油田立管复位调整等工作。"春晓"油田的深潜水作业最大水深度达106米，而且没有饱和潜水设备，采用表面氦氧混合气潜水。这么大深度的表面氦氧混合气潜水，国际、国内都是首例。"春晓"油田地区环境恶劣，水深、风大、浪高、水流流向紊乱没有规则。但金锋没有被困难与深度吓倒，他与他的同事们不畏艰险，创下了106米的氦氧表面潜水新纪录。金峰同志胆大心细、不畏艰险、不怕牺牲、在危难时刻冲在最前头的精神，赢得了领导的好评和同行的称赞。

开拓创新，不断挑战人类潜水作业极限

2014年年初，我国首次300米饱和潜水海底出潜作业圆满完成，巡回潜水深度达到313.5米。又是金锋同志，此次他担任的是饱和潜水监督，在他精心的方案制定及现场冷静的指挥和把关下，进舱与出舱巡潜的年轻小将们顺利把五星红旗插在了祖国南海313.5米的海底，在我国潜水作业能力上再次取得突破，提高了我国大深度水下救援能力、抢险打捞能力和海洋工程作业能力，以及高效处置和应对水上重特大突发事件、突发政治军事事件的能力，对保证我国水上交通安全、加强交通战备和挺进深海、建设海洋强国具有里程碑式的意义。

发扬"上海打捞"精神，履行国家赋予的抢险打捞职责

金锋同志以勤奋、敬业、务实的工作态度，与职工群众同甘共苦的精神，团结带领潜水队，胜利完成了一个又一个国家重视、社会关注的重大工程。多年来，他先后参加了"大舜""如意2号""阿尔蒂斯轮""世纪之光""奥圣65轮""布拉里""振和168""韩国世越号"等重大打捞工程，以及"海马""黄河小浪底""翡翠轮""东方之星"等抢险救助工程，还完成了平台检验、常洪隧道市政建设、海底油管检修、膨胀弯安装、导管架检测、电厂取水口管段沉放等海工服务。在金锋的潜水生涯中，共计完成水下潜水作业600多次，最大深度达106米，并担任无数次重大抢险打捞工程的现场指挥，为工程的顺利完工立下了汗马功劳。

在黄浦江内"银锄轮"沉船整体打捞工程中，金锋同志严格按照施工方案，身体力行，身先士卒，带头潜水。施工期间，

上海阴雨不断,而且不断伴有寒潮来袭,处于黄浦江拐弯处的"银锄轮"水域湍急,能见度为零。为了尽快完成打捞任务,金锋带领潜水员们忍着寒冷,以超常的毅力,放弃节假日,改进工艺,科学施工,在浑浊的江底,用高压水枪将船底厚厚的淤泥穿透,使得107毫米碗口粗的钢缆穿过船底套住打捞浮筒,为整体打捞一举成功做出了突出的贡献。

在上海打捞局"中昌118轮"应急救助打捞领导小组的部署和打捞工程现场指挥部的组织领导下,金锋同志带领潜水队潜水员们发扬打捞精神,克服了几十年不遇的风雪、强冷空气、大雾等恶劣气象条件的影响,做好水下探摸、攻穿千斤等,完成水下作业任务,与全体施工人员一起,仅用28天时间,将坐沉在长江黄金水道宝钢附近的载重有4万余吨的"中昌118轮"安全、顺利地整体打捞起浮,为履行抢险打捞职责、保障长江船舶航行安全做出了重大贡献。此项工程,创造了三个突破:长江口内最大吨位沉船成功整体打捞起浮、最短时间成功完成打捞起浮、成功运用非开挖技术攻穿船底千斤,得到了交通部和部局领导的充分肯定。

2015年,"东方之星"客轮翻扣沉没事件牵动全国,454

名旅客和船员陷入绝境。金锋副队长在接到命令后带领应急抢险打捞作业团队紧急奔赴现场救援。在工程中，由于沉船倒扣在江底，船舷90°直角边紧贴河床，水流湍急，舱内杂物到处散落，给潜水员水下穿引钢丝带来巨大困难。金锋凭借丰富的潜水经验，沉着应战，带领潜水员们五天四夜不眠不休，连续奋斗，主导完成了4根钢丝的穿引工作，以及扳正钢缆的套桩、固定与挂钩、更换起浮钢丝等一系列作业任务，并在间隙搜寻到5具遗体，最终于6月5日晚，沉船扳正起浮成功，重见天日，这创造了打捞史上的奇迹，也是我局职工以行动告慰亡灵的切实体现。"东方之星"打捞的高效作业得到了交通部部长及国务院领导的高度赞扬，也为我局、为交通行业赢得了良好的社会影响。

摘星之旅

★ 2004 年度救捞系统救捞勇士

★ 2006 年度救捞系统救捞功臣

★ 2006 年度上海市技术能手

★ 2004—2006 年度上海市劳动模范

★ 2007 年度局氦氧饱和潜水"潜水英雄"

★ 2010 年全国交通技术能手、全国交通运输系统先进工作者、全国劳动模范

大师工作室
DASHIGONGZUOSHI

金锋技能大师工作室以全国劳模、中华技能大奖获得者、工程船队副队长金锋这一典型人物为起点,分为陈列展示区和实践交流区。

工作室成为整个潜水队乃至上海打捞潜水技术的展示空间。它的展示内容涵盖了金锋的模范带头作用和潜水技术的相关内容。

金锋技能大师工作室在内容上增加了上海打捞核心文化的考虑,突出表现了展厅的独创性与文化气息,努力在展示风格上体现"上海打捞"文化精髓,达到与整体环境相得益彰的效果。工作室重点运用形式多样的艺术手段拉近和职工(观众)的距离,让职工(观众)在参观的过程当中了解"金锋其人"及"潜水工作"的人文艺术,更体现上海打捞潜水技术在抢险打捞、海工服务和海洋资源开发利用中的作用。

(一)潜水队金锋技能大师工作室陈列展示区布展

潜水队金锋技能大师工作室陈列展示区展示面积约35平

方米，展示内容有：1.人物生平，介绍金锋同志的个人履历、所获得的荣誉、近年来的重大成就等相关内容；2.敢为人先，介绍金锋同志在潜水实战中，特别能吃苦、特别能战斗的事迹；3.同心协力，介绍金锋同志在团队协作中与队友刻苦磨炼技术，以及亲如兄弟的团队情感；4.潜水历史，介绍潜水在国内的发展历史。

（二）潜水队金锋技能大师工作室实践交流区布展

潜水队金锋技能大师工作室实践交流区展示面积约35平方米，展示内容有：1.饱和潜水，介绍我国于2014年初成功进行300米深海饱和潜水的事实与报道，随后介绍饱和潜水的概念；2.勇破水下壁垒，从技术突破开始介绍我局研究人员自主克服困难的过程，从团队组建开始介绍人员培养训练，到最终成功实施200米、300米饱和潜水的艰辛历程；3.探取海底明珠，介绍500米饱和潜水相关内容，文字、图片等不涉及保密技术，让职工（观众）了解在我国300米饱和潜水技术实现后，对500米饱和潜水技术发展的展望。

企业介绍
QIYEJIESHAO

交通运输部上海打捞局工程船队成立于1986年，现有员工近500名，拥有3000吨起重能力的自航全回转浮吊船"威力"、国内第一艘饱和潜水工作母船"深潜号"、700吨浮吊船"聚力"、2500吨浮吊船"大力号"，ROV（潜水机器人）以及300米和200米饱和潜水系统等大型船舶、设备，是一家专门从事水上应急抢险打捞、水上大件吊装、水下工程服务、市政工程建设、油田服务等施工作业的具有沉船沉物打捞一级资质和海洋石油工程专业承包一级资质的国有企业。

船队被评为全国精神文明建设工作先进单位、上海市文明单位、全国交通文明行业先进单位、交通部救捞系统先进单位等,所属单位被授予"全国青年文明号""全国模范职工之家""上海市模范集体""上海市红旗班组"等荣誉称号,并涌现出全国劳模、中华技能大奖、全国五一劳动奖章、上海市劳模等众多楷模。

工匠精神宣传丛书

自学成才的轴承大师：
经营亮

坚持不断地学习，发现并挖掘自己的潜力，排除名利诱惑，持之以恒做好力所能及的每一件事。

个人简介
GERENJIANJIE

经营亮，男，1975年3月—1979年9月在湖北襄阳轴承厂一分厂任磨工、带班工长；1979年9月—1986年8月在湖北襄阳轴承厂一分厂任仪器组组长，从事磨床主动测量仪、轴承检查仪维护工作；1986年8月—1988年9月在湖北襄阳轴承厂一分厂任质管科科长；1988年9月—1992年2月在湖北襄阳轴承厂一分厂任技术革新组组长；1992年2月—1998年1月在襄阳汽车轴承股份有限公司五分厂任磨装车间主任；1998年1月—2002年9月在襄阳汽车轴承股份有限公司五分厂任技术、机动科科长；2002—2005年在宁波纪元机械制造有限公司任注塑机设计开发及外协件采购；2006—2008年在宁波江北纪元鑫机械有限公司任注塑机设计开发及售后服务；2009年2月至今在上海人本集团技术中心试验技术部从事轴承试验设备维护与设计开发工作。

轴承

轴承是当代机械设备中一种重要零部件。它的主要功能是支撑机械旋转体,降低其运动过程中的摩擦系数,并保证其回转度。

轴承是国家工业的脊梁,轴承无处不在,遍布我们的生活圈子。就好比:一辆汽车,可能需要上百个大小各异、型号不同的轴承。有个比喻:没有轴承,世界将会停止。可见轴承的重要性。

经营亮从事轴承磨工工作37年,1993年获磨工高级技师资格证书,1996年被评为湖北省技能大师,2009年加入上海人本集团有限公司,主要负责轴承试验设备开发、改进与维护工作。

从磨工到创新"游击队"

经营亮笑称自己"还没出生就跟轴承打交道了"。父母是当年支援基础建设的技术工人,从上海到洛阳轴承厂。经营亮上学读的是厂里的子弟学校,学工时就去车间里跟车床、轴承打交道,刚上完高一就到湖北襄阳汽车轴承股份有限公司做了一名普通的磨工,成了标准的子承父业。

在湖北的 27 年中，他从磨加工到主动测量仪维修，一路成长，并开始进行工艺创新。作为厂里的主动测量仪的维修工，他感觉到不合理就进行一些小改造，有些测量仪不是为厂里专门设计的，他琢磨进行液压、电路改造等。因为不属于工艺科的正式编制，他像游击队一样，自己配置工具，自费买来机械设计手册，利用下班时间琢磨。就这样，他开始了小改革、小创新。1984 年起，他连续三年成为厂级劳动模范，解决了厂里各类自动测量仪的种种难题。

当时圆锥滚子轴承大挡边的加工和内圆锥面磨削工序中，振动一直非常大，效率比较低。厂里员工都想主意、调整车床，但都没能改善。经营亮就琢磨，想到了"包容原则"，如果以球的内球面对内圆锥面磨削，把砂轮加工成凸面，一凹一凸就能把截面磨成直的。他跟工段长提起自己的想法，得到很大支持："帮你弄一台机床，你大胆去试。"于是，他就开工了。开始并不顺利，后来他突然想到应该跟表面没有直接关系，便调整参数，仅仅用了不到一个星期，就解决了问题，一时引起全厂轰动。这就是他第一个引起大家关注的"用筒形砂轮对圆锥滚子轴承大挡边进行内圆锥面磨削的新工艺"，获得了创新工艺奖。

此后的十几年间，经营亮先后获得 12 项创新工艺奖，成为厂级劳动模范，1991 年凭借圆锥滚子轴承外圈滚道主动测量仪获得湖北"五小"成果三等奖，凭单点倾斜式内滚道主动测量仪获得市里科技进步三等奖。此外，他还获得湖北省"技能大师"称号，担任湖北省技师协会理事、湖北省技师协会机械行业分会常务理事等职。

自学成才、钻研勤奋

出生成长于"文革"期间,高中文凭,但经营亮是自学成才的技能大师,他不喜欢去报班学习,而是在实际工作和实践中学习和突破,尤其是在工作中遇到问题时,更加会激发他学习和突破的兴趣和决心。从最初的主动测量仪的电路知识到后来进行系统开发的三维软件、可视化编辑、软件人机对话等,他都自己研究学习。"关键是弄懂原理,需要用什么知识就学习什么知识,虽然会比别人慢些,但是因为一直在用,就会学得好。"这样的学习精神和钻研能力,使经营亮在企业中不断创新。

2009年,经营亮加入上海人本集团有限公司,负责轴承试验设备开发、改进和维护工作。进人本不久,他就发现试验中心的自动监控软件系统存在很大问题,之前曾采用过从杭州某公司采购的版本,存在许多问题,界面是Windows 98系统,无法升级至Windows XP系统。在上海找的供应商的设计都失败了,旧系统出现问题时,原供应商响应慢、报价高。

于是，经营亮就开始琢磨，一定要搞懂这套系统，但他对计算机开发一窍不通。于是，他就挑选出刚刚工作两年的徒弟吴建芸，开始分工合作研究。他负责规划软件的控制界面设计，考虑硬件采购、成本等问题，小吴侧重系统开发、下载相关资料。两个人一起边学习、边开发。而小吴也不负师命，春节放假也不回家，专心研究。就这样，从零开始，5个月之后，自主开发的全新系统正式上线，成本仅投入5万元。连日本客户来参观时，都竖起大拇指。新系统至今一直不断进行升级换代，从最初5个温度指标控制上升到16个，成为行业内的领先系统。

此后，经营亮与吴建芸继续合作，先后开发成功常规轴承寿命试验机、发电机轴承高温急变速试验机、半轴泥水高温试验机等监控系统，使人本集团有限公司技术中心轴承试验室成为行业内屈指可数的有能力完全自主开发轴承试验监控系统的试验室。

摘星之旅
ZHAIXINGZHILV

★ 1993年取得技师资格

★ 1993年破格取得高级技师资格

★ 1996年获湖北省"技能大师"称号

★ 1992年获湖北省总工会颁发的"自学成才"证书

★ 2012年被评为上海市首席技师

大师工作室
DASHIGONGZUOSHI

2011年9月6日,经营亮技能大师工作室建成,目前投入经费共计98万余元,从事技能培养及鉴定的工作人员达15人。工作室承担人本集团内高技能人才队伍建设及带徒传技工作,协助集团轴承研发及项目改善工作,承接集团员工技能等级鉴定工作和行业内技能技术交流工作。

工作室肩负着技术中心的项目改善、技术攻关、业务交流等重要任务,尤其是人本集团企业内部的技术攻关项目。人本集团园区内下属十几家工厂,遇到难题时,便求助于经营亮技能大师工作室,经营亮就带着同事们去现场解决。随着人本集团的发展和员工对技能提升的需要,特别是高技能人才引进培养和技术评定的需要,工作室联合人力资源部,以"提升员工技能是对员工最大的福利"为目标,建立了技师聘任管理制度,以首席技师团队的决策和要求，全面展开针对员工技能提升及鉴定的工作。

企业介绍

上海人本集团有限公司是顺应国际化发展趋势，于2004年4月在上海市奉贤区奉城镇成立的一家集科研、制造、销售为一体的综合性区域集团公司，注册资本5000万元，现有员工2000多人，资产8.4亿元，下属企业10多家，是上海市奉贤区民营百强企业、国家技术创新示范企业、国家级企业技术中心，拥有国家认可实验室。企业先后被评为上海市专利战略企业、上海市技能人才培育突出贡献单位、上海市职工科技创新示范基地等。2016年人本集团实现销售收入11.66亿元。

曾经被"赶出门"的线务员：
徐珺

从自己开始做起，将简单重复的事用心做好，追求精益求精的结果，更注重充满乐趣的过程。

个人简介
GERENJIANJIE

徐珺，男，1979 年 1 月生，汉族，中共党员，大专学历，中国电信上海公司西区电信局客户终端服务工程师。

行业科普
HANGYEKEPU

光纤到户

光纤到户（FTTH，fiber to the home，也称 fiber to the premises）是一种光纤通信的传输方法，即直接把光纤接到用户的家中（用户所需的地方）。具体来说，FTTH 是指将光网络单元 (ONU) 安装在住家用户或企业用户处，是光接入系列中除 FTTD (光纤到桌面) 外最靠近用户的光接入网应用类型。

FTTH 的显著技术特点是不仅提供更大的带宽,而且增强了网络对数据格式、速率、波长和协议的透明性,放宽了对环境条件、供电等的要求,简化了维护和安装工作。

成长经历

仲夏时节,上海近 40℃的高温让不少市民选择宅在室内消暑纳凉,而中国电信上海公司西区局的基层线务员徐珺却还奔波在上海的大街小巷,上门为用户修理宽带光缆等电信技术领域的疑难杂症。四个工具包、几卷网线光缆,加起来负重 30 公斤的全套装备让徐珺每走几步路就大汗淋漓,汗水浸湿贴身的白半袖,把外面的长袖工装也打得很湿。

从事通信接入工作 20 年左右,这样的工作状态徐珺早已经习惯了,他甚至还得了不轻的"职业病"。他出差或旅行看的不是风景,而是当地的线缆状况;朋友出国问他要带什么,他只求专业书籍和当地的线缆照片;他闲下来的时候,总喜欢骑着小电瓶车走街串巷寻找需要改造且难度较大的线缆,给自己出难题。如果要问"职业病"的病根,徐珺的回答一定是两个字:热爱!

的确,对线务员岗位的热爱让徐珺在通信领域取得了诸多荣誉:全国电信行业用户服务满意服务明星、上海市劳动模范、全国劳动模范、2015 年首届十大最美通信人……而在徐珺看来,他更愿意把所有的荣誉归零,因为站在电信领域发展的最前沿,他要面对更多的突破与挑战。

把自己的 5 小时变为别人的 5 分钟

"嫁女不嫁线务员！"在通信行业内经常流传着这样一句老话。在我国，中国线务员的工作环境是非常复杂和困难的，不仅交通工具和作业器具相对简陋，工作本身还存在着一定的危险性。徐珺刚刚工作的第一年，便体验到了线务员工作的脏累苦险。

在十几年前的上海，各种违章建筑把狭小的弄堂填得满满当当。徐珺当时要给用户安装和维护电话，他攀爬上电线杆，顺着混乱的线路寻找线路箱，发现箱子被遮挡在违章建筑里，便只好踩在违章建筑顶层的石棉瓦上开始作业。不料，石棉瓦安装不牢，让刚刚站上去的徐珺一下踩空掉下去，情急之下，徐珺右手一下子抓住旁边的广告牌。广告牌上的铁皮将他的手指划破，露出骨头，鲜血直流。至今，徐珺的手上还有当年缝针留下的疤痕。

就算按照规矩去作业，线务员还是会面临很多不确定的因素。除了这样的危险事件，徐珺和同事还在作业中偶遇过能啃掉光缆的蟑螂、在电缆中筑窝的老鼠以及盘踞在箱子里的小蛇。每次碰到这样的事情，徐珺都会把它记录在自己的微博中，或是自己运营的名为"线务员之家"的网站中。

"线务员之家"网站是徐

珺一手建立的中国首个专注于通信线务技术的网站。其实早在2003年,徐珺就开始建立类似通信线务技术的论坛,后改为"线务员之家"网站。随着互联网的发展,从简单的电话线安装升级到窄带、宽带的安装维护,徐珺说这个过程中有很多知识经验需要去学习分享,于是他把自己所有的一线服务和创新实践经历都放在网络上,并且带动了很多粉丝在网络上交流分享。

在网站上,徐珺还经常把实战经验缩成图文教材,免费提供给通信行业的装维员们。从2003年的《"四心"宽带服务法》开始,一直到2013年的《武装你的智能手机,让它成为装维利器》,徐珺几乎每年编写一本教材,通过矢量图、口诀、图片演示等生动而形象的形式,将技能方法、服务经验进行提炼共享,突出了装维工作的规范性、实用性和可复制性,教材内容通俗易懂、易学易记,让装维员们用起来得心应手。

从2013年开始,徐珺开始拍摄《FTTH暗线入户操作方法(简化)》《FTTH装维特殊盘缆方法》《FTTH临时架盘法》等9部视频教材。为此,徐珺在工作室中特地开辟了小小的录播间,所有的视频设备都是他和同事们自筹经费购买的。视频中每个操作环节都有特写镜头,足见徐珺的用心。

"把自己的5小时变成别人的5分钟"是徐珺对于品质专

注的另一种延伸。5年中，徐珺和他的团队为整个中国电信集团装维师资力量培训授课共30000人次，通过形象生动的课程，通过不同的对比反差，让学员在笑声中反思。

创新中的小变化专治疑难杂症

从铜网接入到现在的光网发展，徐珺通过长期的实践和学习，发现中国装维工作环境较其他国家要复杂许多。以往，中国装维工作的器具大多使用的是国外生产发明的工具，但是面对我国实际的装维情况，很多进口工具和使用方法嫁接到我国则出现了水土不服的情况。

遇到这种情况，徐珺没有退缩，一直思索着为中国通信线务员做一些力所能及的事。"我们坚持不迷信发达国家的经验方法，只有中国的线务员才能找出真正适合中国的光网入户方法，只有中国的线务员才能制作出真正适合中国布线环境的工器具。"徐珺直言。

为此，在公司的支持下，徐珺和同事们成立了虚拟团队。2011年年初，团队创新推出了"暗管入户四小工具"，四种工具通过小革新都成了暗管入户利器。

上海的老式楼房一梯有八户，八户分别对应着八根暗管。如何能在管路混乱复杂的情况下判断出每户的暗管是否通畅？

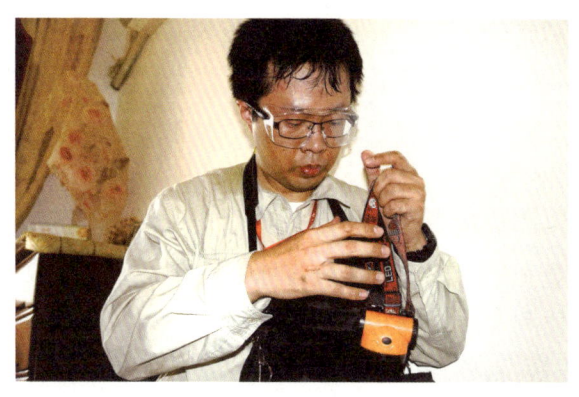

一开始,徐珺和他的团队运用价值50万元的工业内窥镜。内窥镜的价格不仅昂贵,而且经常会碰见管道扭曲导致内窥镜失灵的情况。面对这样的常见问题,徐珺和团队成员们发明了成本只需几元钱的吹管器。吹管器用一根与暗道相符的管路制成,每次测试前,徐珺和团队成员们都会在所有暗管上贴上餐巾纸,之后,同事们会往吹管器里吹气,如果暗管那一头的餐巾纸被吹掉,就说明这条暗管是通着的。

几元钱的工具能创造几十万元工具的价值,这对徐珺和他的团队成员们来说是个不小的鼓舞。而后,徐珺又和团队成员们一起创新了成本只有30元的自制牵引绳、10元的控油瓶容器等真正适合中国布线环境的"四小工具"。

徐珺就是凭借这样的创新举措,完成了其他线务员认为不可能完成的任务。"暗管入户"一直是徐珺和团队成员们专攻的难题。曾经,上海的一座老式筒子楼被徐珺当作是"暗管入户"的试点。为了更好地取得邻居的信任,徐珺和团队成员们经常在上完一天班后,下午4点来到用户家中进行施工作业,为了满足用户不在墙上打洞钻孔的需求,徐珺和团队成员们利用所有有线电视和电话线的暗孔,完成了整座楼的"暗管入户"。

张爱玲故居公寓是目前徐珺和团队成员们最难忘的一次

"暗管入户"经历,其穿通的暗管管龄为 76 年。通过各种形式普及"四小工具"和操作方法,徐珺和团队成员们缔造了多个百分百光网"暗管入户"大楼,使上海公司暗线穿通率从 10% 提升到了 51.6%。

徐珺带领团队攻坚克难,创新求变,以提高 FTTH 装维质量和用户感知为阶段目标,提升中国通信行业线务员的整体素质和专业价值。

目前,以徐珺名字命名的"城市光网"工作室被授予"全国示范性劳模创新工作室"称号,他带领的"徐珺班"曾先后荣获"全国工人先锋号""中央企业红旗班组""上海市劳模集体"等荣誉。

"工匠精神"需要营造和培育

2009 年年底,徐珺听说日本某公司技术信息布线专家受邀前来我国指导光纤到户布线施工。虽然徐珺不在现场,但是他还是想办法拿到了照片和视频资料。经过细致对比后,他发现我国与日本在装备器具、操作技能和专业素养上存在着一定的差距。而这个来自日本的指导员连续 8 年 4 届获得了世界技能大赛信息网络布线项目的冠军。

钦佩之余,徐珺还有一点不服气。他说,中国通信布线的问题还是需要中国线务员来解决,

中国的线务员也可以参加国际性的比赛。

2011年，中国第一次参加伦敦世界技能大赛，但是没有参加信息网络布线这个项目。2013年，徐珺做出了一个改变中国线务员国际地位的决定，他写信给人社部，呼吁中国参与世界技能大赛信息网络布线项目。

没想到，他的呼吁得到了回复和支持。

2013年6月29日，徐珺在忙完一天的工作后，自费从上海赶赴北京为第42届世界技能大赛信息网络布线项目中国国家队选手阮维卓送行，他也是唯一一个到现场为选手送行的民间编外粉丝。送行之余，徐珺为阮维卓带来了专为比赛制作的自制工具。

徐珺说："在训练的过程中，中国选手遇到了训练器材和工具缺乏等很多难题。"因为很多器具在国内没有，阮维卓便从淘宝上买二三十元的穿线器参加比赛。代表国家出去比赛不能给国家丢脸。于是，徐珺便将自己制作的穿线器送给阮维卓。阮维卓也曾向徐珺求助，希望徐珺帮他找到参赛用的光缆。徐珺在与厂家多方沟通协调后，厂家同意将几十米样品全部免费提供给中国选手训练使用。

最终，阮维卓在此次比赛中以507分的成绩在16名参赛选手中排名第六位，获得了500分以上的优胜奖。

机场送别时的一幕令徐珺久久不能忘却。送行阮维卓时，机场里聚集了许多青春靓丽的女孩，"我以为她们都是为世界技能大赛的选手们送行的。"可没想到，当两位娱乐明星从通道远远走来的时候，这些女孩蜂拥而上，刚刚还围在徐珺和选手们周围的人群一下子散开，偌大的机场只剩下徐珺和几名选手站在角落里。

"大多数人会关注离他们很遥远的娱乐明星,而不会关注和他们生活息息相关的技术工人。"在徐珺看来,"工匠精神"的弘扬要首先从工匠氛围的营造开始,更要从工匠的培养开始。

徐珺说,他很感谢企业对工匠的重视与培养,为他们无偿提供好的环境、器具,让他们实现虚拟团队的运作。培养一个工匠需要成本,需要不断实践,在快节奏的工作环境中工匠需要静下心来好好钻研,"匠心"才能取得好成绩。

摘星之旅 ZHAIXINGZHILV

国家级(4项):
★ 2013年2月5日获"工程技术"类政府特殊津贴
★ 2011年9月被评为第十二届全国职工职业道德建设先进个人
★ 2007年5月获2006年度"全国青年岗位能手"称号
★ 2005年4月被评为全国劳动模范

省部级(13项):
★ 2015年9月被评为首届十大最美通信人
★ 2013年1月在上海市2012年度重大工程立功竞赛中获"优秀建设者"称号
★ 2012年1月在上海市2011年度重大工程立功竞赛中获"优秀建设者"称号
★ 2012年2月被评为通信行业职业技能鉴定优秀考评员
★ 2011年6月被评为2009—2010年度上海市职工职业道德建设十佳标兵个人

- ★ 2011年6月获上海市五一劳动奖章
- ★ 2011年5月《FTTH装维实用教程》荣获第四届上海职工科技节职工科技创新成果展参展项目一等奖
- ★ 2011年5月被评为2008—2010年度上海市十大工人发明家
- ★ 2010年7月被评为上海市杰出技术能手
- ★ 2006年5月4日被评为第八届上海市杰出青年岗位能手
- ★ 2006年5月被评为上海市工人技术能手创新能手
- ★ 2005年6月被评为2005年上海市职工先进操作法
- ★ 2004年4月被评为上海市劳动模范

集团级（4项）：

- ★ 2013年1月获中国电信集团公司"岗位创新能手"称号
- ★ 2012年10月获员工岗位创新成果评选（技能类）金奖
- ★ 2012年6月被评为中国电信集团为民服务创先争优服务标兵
- ★ 2005年6月28日被评为中国电信集团公司优秀人才

公司级（8项）：

- ★ 2016年3月获中国电信上海公司员工创新奖二等奖
- ★ 2013年5月被评为中国电信上海公司员工岗位创新能手
- ★ 2012年3月获2011年度中国电信上海公司员工创新奖特等奖
- ★ 2012年3月获2011年度中国电信上海公司贡献奖鼓励奖
- ★ 2011年2月获2010年度中国电信上海公司员工贡献奖一等奖
- ★ 2008年2月获2007年度上海市电信有限公司贡献奖一等奖（团队）
- ★ 2005年2月获2004年度上海市电信有限公司创新奖一等奖
- ★ 2004年2月获上海市电信有限公司贡献奖二等奖

大师工作室
DASHIGONGZUOSHI

2011年,徐珺工作室成立,并提出了"专业的接入、专业的价值"的口号,确立了工作室的目标,以提高FTTH装维质量和用户感知为现阶段目标,以提升中国通信行业线务员的整体素质和专业价值为最高目标。工作室围绕成员工作目标,攻坚克难,创新实践,在光纤美观隐蔽入户上取得了突破。首先,工作室推出了"暗管入户四小工具"及暗管入户操作法,四小工具通过革新都成了暗管入户利器,并改进了穿管器使其适应中国入户环境;其次,工作室是中国最早提出利用900微米光缆入户和热胶固定的团队,也是中国应用经验丰富的团队,为国家标准制定提出了宝贵的建议。

工作室成员坚持总结经验方法,并转化为图文教程。工器具固然重要,但更重要的是使用的人。他们十分注重归纳总结

和分享，以此来积极提升整体装维人员的技能。工作室成员们至今共编写 2 部教程、5 种操作法，拍摄 13 部教学短片，将线务员技能培训比赛实战化，5 年时间为整个中国电信装维培训授课共 30000 人次。工作室成员也在工作学习中获得了成长，7 人获得公司"技术能手"称号，3 人获得中央企业"技术能手"称号，4 人获得技师资格，3 人获得高级技师资格，5 人获得考评员资格，4 人获得网络布线测试认证证书。工作室已获得实用新型专利 3 项、外观专利 1 项，另有 1 项发明专利和 1 项目实用新型专利在申请过程中。工作室 4 人获得省部级荣誉。

企业介绍

中国电信股份有限公司上海分公司，对外简称"中国电信上海公司"。中国电信上海公司拥有中国电信集团内最大的城市电信网络，为超过 2200 万用户提供包括移动通信、宽带互联网接入、信息化应用、固定电话等产品在内的综合信息解决方案，始终保持上海地区通信市场的领先地位。

中国电信上海公司的前身是上海市电信有限公司，组建于 2000 年 5 月 17 日，是中国电信集团公司的全资子公司。2002 年 9 月，上海市电信有限公司成为中国电信股份有限公司的全资子公司。2008 年 1 月 28 日，上海市电信有限公司改制，成为中国电信股份有限公司的分公司。

作为城市信息化建设主力军，中国电信上海公司加快城市信息化基础设施建设，率先建成"城市光网"，截至 2015 年年底，已全面完成城市化地区光网覆盖，覆盖能力超过 910 万户，光

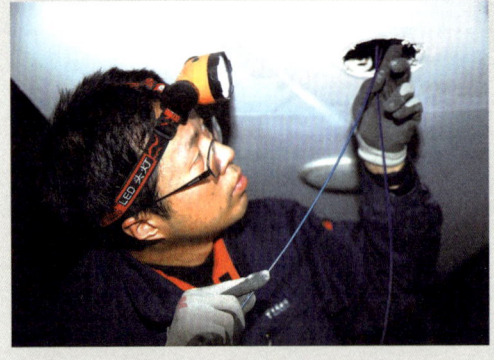

网用户超过450万户，百兆宽带（50 MB及以上）用户超过200万户，平均接入带宽达到38 MB。中国电信上海公司逐步实现了上海"无线城市"广覆盖，3G（第三代通信技术）网络实现全市覆盖，4G（第四代通信技术）网络覆盖率超过95%。

中国电信上海公司积极履行社会责任，历年来圆满完成了APEC（亚太经合组织）会议、全国两会、亚信峰会等多项重大活动的通信保障工作。同时，中国电信上海公司不断创新发展智慧政务、智慧医疗、智慧交通、智慧教育、云计算、大数据等信息化应用，服务政府、服务企业、服务民生，助力上海智慧城市建设。

汽车行业创新的标杆：

徐小平

　　初心源于兴趣，特长成于兴趣，兴趣才是成功之母，关键要认清和把握好兴趣与事业的统一性。人生因为事业成功而精彩。愿年轻朋友们不忘初心、砥砺奋进！

个人简介
GERENJIANJIE

徐小平，男，1960年8月生，汉族，上海人；本科、工程学士，工程师、机修钳工高级技师；1977年9月参加工作，现任上汽大众汽车有限公司发动机厂维修部门高级经理、党支部书记，兼任上海市技师协会副会长、上海市劳模协会副会长、上海第二工业大学智能制造实验基地主任、第十二届全国人大代表。

徐小平1977年9月—1989年8月为上海宝山冷冻设备厂工人；1989年8月—1999年2月任上海大众汽车有限公司发动机厂曲轴车间维修班长；1999年2月—2006年5月任上海大众汽车有限公司发动机厂连杆车间维修工长；2006年5月—2008年7月在上海大众汽车有限公司"徐小平维修技术服务中心"主持工作；2008年7月—2010年10月任上海大众汽车有限公司发动机厂维修科技术总监；2010年10月至今任上汽大众汽车有限公司发动机厂维修部门党支部书记、高级经理。

行业科普

智能化与工业4.0

制造业作为我国的支柱产业，一直保持较好的发展态势。然而，随着我国人口红利的消失、人工费用的增长，传统制造业依靠人力发展的道路已经越走越窄。与此同时，以工业机器人为代表的智能装备，正给传统的装备制造、物流等相关行业的生产方式带来革命性的产业变革。

智能化是集信息技术、系统控制技术、电子技术、光电子技术、通信技术、传感技术、软件技术、专家系统等为一体，以扩展或替代脑力劳动为目的的高层次的控制技术，是实现数字化工厂的重要技术基础。我国制造业在新时期、新形势下的发展必将伴随智能化、自动化。

工业4.0将实现大规模的自动化，这种自动化将远超我们现在所认识的自动化，这其中大量的机器人和传感器的应用是必不可少的。我们现在维修所面对的智能化设备已经与曾经的车、磨、钻、铣、刨相距甚远，如何面对这一台台高精度的加工中心和专用设备，需要我们更多地学习和实践，最终实现征服和突破。

成长经历

徐小平自1989年进入上汽大众发动机厂担任维修工以来，已在设备维修岗位上工作了近30年。他以顽强的毅力坚持学习，刻苦钻研专业技能，敢于向专业领域的世界高端水平挑战，在平凡的岗位上创造出了不凡的业绩。

上汽大众发动机厂的设备大多是进口的，徐小平只能看懂图纸的结构，却看不懂图纸中的说明。徐小平发觉语言不通成为他与德国技术人员进行技术沟通的主要障碍，便开始学习德语。从基本掌握会话能力到能与德国同行交流，徐小平逐步走到了同行的前面。2003年，徐小平通过了上海外国语大学"高级德语翻译"的考核，他被誉为"德语说得最溜的技术工人"。他多次主持了来自德国、英国、奥地利等的进口设备的大修项目，负责进口设备的验收工作，先后两次出国参加生产线改造和进口设备购置的技术谈判，并担任工作组翻译。

2010年起，徐小平担任上汽大众汽车有限公司发动机厂维修高级经理，他以创新的技术突破国外垄断，为实现设备的自主维修赢得

主动。依托技能大师工作室平台,他带领团队攻坚克难、保障生产、降本增效,并以前瞻的视野不断挑战新技术、开拓新领域、争取新突破。

他带领团队为企业贡献了十几项发明专利,创造了数以亿计的经济效益。

电主轴是数控加工中心的核心部件,由于精度高、转速快、制造难度极大。国外设备供应商把电主轴作为赚取高额利润的工具,长期对国内采取技术封锁。徐小平觉得靠国外维修只需换备件,看似很方便,但损失了成本和维修工们锻炼本领的机会。他很不甘心,就和同事们在一无所有的条件下与这项陌生的技术较量了起来。

徐小平说:"刚刚起步的时候异常艰难,国外公司得知我们自行修理的消息后,连备件都不予提供,更别说提供图纸资料和关键参数了。电主轴的国际标准是连续运转8000小时进行一次修理保养。经过5年的艰难探索,通过不断地摸索与试验,我们从第一次测试的2~3小时的运转时间到现在的超10000小时,终于实现了电主轴自主维修的梦想,从而打破了国外的技术垄断,填补了国内的技术空白。"

徐小平设计的曲轴磨床静压监控装置,填补了静压技术的空白，并获得了国际专利，这是上汽大众获得的首个国际专利。他不断学习国外先进技术，但却从不迷信"洋专家"。他发明的激光可视对焦技术，有效提高了激光设备的使用效率，处于国际同行业领先水平，并在 2007 年获得国家发明专利，2011 年获得中国机械工业科学技术一等奖，2012 年获得上海市科学技术进步二等奖，2013 年获得第四届全国职工优秀技术创新成果二等奖。目前，徐小平带领的工作室申报专利 32 项，已授权 26 项，其中发明专利 10 项、国际专利 1 项。

摘星之旅

★ 2002 年被评为中国机械工业联合会机械工业突出贡献技师、上海市工业十大工人标兵、上海市建设工业新高地争先创优活动先进个人

★ 2003 年获得"第五届上海市十佳'三学'状元"称号；被评为上海市职业道德十佳标兵、上海市劳动模范

★ 2005 年被评为全国劳动模范

★ 2006 年获得第八届中华技能大奖；被评为全国知识型职工先进个人、上海市十大工人发明家

★ 2007 年获得全国五一劳动奖章；被评为中国机械工业技能大师、上海市劳动模范；当选为上海市第九次党代会代表、上海市第十三届人大代表

★ 2008 年享受国务院政府特殊津贴

★ 2010 年被评为全国劳动模范

★ 2011 年获得中国机械工业科学技术奖一等奖、上海市职工优秀技术创新成果二等奖；被评为上海市国资委系统优秀共产党员、上海市国资委系统新世纪最具影响力先进人物；徐小平六大工作法获得"上海市职工先进操作法优秀成果"荣誉；"激光可视对焦技术"获上海市科学技术奖二等奖

★ 2012 年当选为上海市第十次党代会代表；被评为全国创先争优优秀共产党员、上海市国资委创先争优优秀党员

★ 2013 年当选为第十二届全国人大代表；被评为机械工业技术技能标兵；在"光荣与力量——感动上海十大人物评选"中获评"年度人物"荣誉称号；获得全国道德模范提名奖；被授予"全国百姓学习之星"称号；《激光可视对焦技术的应用》荣获第二届机械工业高技能人才优秀论文（技术类）特等奖；"激光可视对焦技术"获得第四届全国职工优秀技术创新成果二等奖

★ 2015 年被评为全国劳动模范

大师工作室
DASHIGONGZUOSHI

　　2006 年 4 月，技能大师工作室的前身——"徐小平维修服务中心"正式挂牌成立。徐小平带领团队在技术攻关、优化改进、备件维修、降本增效等方面不断努力，为企业解决了众多技术难题和疑难杂症，提高了设备自主修理能力，为降本增效、保障生产做出了贡献，为团队进一步创新开拓提供了舞台。2011

年，工作室被上海市总工会命名为首批"劳模创新工作室"，2013年被人力资源和社会保障部命名为"徐小平国家技能大师工作室"。

2013年，徐小平创新工作室的"电感式位移传感器测量仪""曲轴加工工艺及刀具改进优化"两个项目荣获第二十五届上海市优秀发明选拔赛职工技术创新成果银奖；2014年，被中华全国总工会授予"全国示范性劳模创新工作室"。

依托"劳模创新工作室"的专业发展平台，上汽大众发动机厂维修团队整体专业化技术水平得到了显著提升，一支集合了高素质、高技能、高水平的专业化人才队伍已经形成。他带领的这支团队近3年共申请各类专利21项，已获授权15项，每年的研发成果为公司节约数百万元的经费。2012年6月4日，上海市原市委书记俞正声同志亲自视察了上汽大众徐小平劳模创新工作室，对徐小平及其团队的出色工作给予了高度评价并提出了殷切期望，要求他为汽车行业的发展做出贡献，更要服务于行业、服务于社会。

企业介绍

QIYEJIESHAO

上汽大众汽车有限公司（简称"上汽大众"）是一家中德合资企业，由上汽集团和大众汽车集团合资经营，是国内历史最悠久的汽车合资企业之一。

公司总部位于上海安亭，并先后在南京、仪征、宁波、乌鲁木齐、长沙等地建立了生产基地。公司在自主研发、技术创新方面，开展了大力探索和有益实践，建立了功能完善、具备国际水平的技术开发中心，同时也培养了一支高效率、高素质的开发队伍。

工匠精神宣传丛书

SHANGHAI
JINENGDASHIFENGCAI

中华美食文化的传播大使：
翁建和

秉持匠心，精益求精，把中华餐饮文化发扬光大！

个人简介
GERENJIANJIE

翁建和，男，1962年3月出生，高中学历，中式烹饪高级技师，现任上海锦江汤臣洲际大酒店中餐营运总监；曾荣获总厨风采奖，被评为中国烹饪大师、全国优秀厨师，中国长三角十大名厨等；被聘为上海市职业技能鉴定中心首批高级考评员；在世界、国家、地区等中餐烹饪的比赛中，翁建和先后获得首届全国青工中式烹调决赛金牌、第一届中国烹饪世界大赛冷盘组金牌等。

他作为上海著名的中餐烹饪大师，在业内被公认为精通上海菜的制作，旁通苏、锡、甬、川、粤菜等的制作，特别擅长冷菜的制作。他曾编写《大厨私房酱料——100道菜谱》，并参与编写《中国海派美食》《上海当红总厨新菜》《当代上海百厨》等专业书籍。"做烹饪追求意境,让美食展示艺术"是翁建和的岗位格言,更是他在岗位上的敬业写照。

行业科普
HANGYEKEPU

上海菜

上海地处百川汇海处,各地移民入沪,不同的饮食文化和风俗交融,兼收并蓄。沪菜,即上海菜,是中国的主要地方风味菜之一。其由来历史悠久,宋末元初,已有本地人开设和经营餐馆,开始供应砂锅、酱鸭、白斩鸡等菜品。到了清光绪年间,兴起一批特色菜馆,如德兴馆、一家春等,供应虾子大乌参、糟钵头、乳腐肉等。不同时期发展起来的传统菜和创新菜,其起源发展与上海经济繁荣同步,吸纳各地方菜肴风味,尤其是以苏、杭、浙的风味为主。上海菜烹饪特点四季有别,以生煸、滑炒、蒸、煨、红烧等著称,蟹粉豆腐、精扣三丝、生煸草头等,

或汤浓汁厚,或清淡素雅。有句诗形容上海菜:尖椒笃菜任君尝,浓妆淡抹总相宜。

中华美食源远流长,是悠久灿烂的中华文明的重要组成部分,也是中华民族集体情感与记忆的纽带之一。在国际化大都市的上海,烹饪大师们勤于奉献、勇于探索,在传承中创新,充分展示专业技能和智慧。出神入化的刀工、别出心裁的设计、中西合璧的摆盘,让中餐走向世界,名扬四海。

成长经历

琢磨厨艺成了生活习惯

回想起小时候,翁建和笑称,从小动手能力强,爱看长辈烧菜。他说:"学农时,我还积极报名进食堂为大伙儿烧菜,没别的,就是喜欢!"20世纪80年代,翁建和从当时的重点技校——上海市饮食服务学校毕业时,老爸为他选择了"厨师"这一行。"在那个物质贫乏的年代,做厨师不会挨饿。"父亲的一句话,让翁建和从此迷上了烹饪艺术。

翁建和被分配到了东风饭店，当时能进东风饭店是一件挺骄傲的事儿，每天婚宴达到200多桌。20世纪80年代初期，在扬州饭店、锦江饭店、东风饭店等一批老牌饭店，有几位圈子里响当当的名厨。刚入行的翁建和梦想着有一天，上海的烹饪界也能有自己的一席之地。"要么不做，要做就做到最好！"翁建和勤练翻锅，苦练刀工，究竟翻了多少次锅，切了多少盘丝，早已记不清了，只有掌中的老茧和指上的伤痕，还铭记着那段激情苦练的岁月。夏天烧菜就像在烤箱里干活，他笑言："那时候烧炉子，连电风扇都不能用，还怕影响火头，每次烧好菜地上两摊水，身上的衣服就像从水里捞出来一样！"

除了经常关心行业的理论及实践的发展外，他还大量阅读与行业相关的书籍。从入行起，翁建和就养成了一个习惯，外出随身携带相机，无论参加烹饪比赛还是出席私人宴请，他都会抓紧时机，用手中的相机拍下精美的菜品，回到家后自己再仔细研究菜点的用料和制作。

老外对中国厨师竖大拇指

所谓"干一行、爱一行"，正是这份热爱，让翁建和在多次烹饪大赛中摘金夺银，并逐渐在上海烹饪界崭露头角。最初的梦想实现后,他在心里又产生了一个更宏大的想法——将中国的美食文化发扬光大。1999年,他带队前往香港,在君悦酒店开展中华美食推广活动,活动引起轰动,许多香港著名人士都对翁建和推出的菜肴给予了高度评价。2010年世博会闭幕式的当天下午,酒店接到了重要任务:尼泊尔总统当晚要在中餐厅设宴。时间紧迫,为了让贵宾品尝到中华美食,在翁建和及中厨房全体员工的努力下,短短两个小时,他们顺利地完成了菜单制定、餐具配置和材料选配。一道道色香味俱全的美食,让来自异国的总统称赞不已,竖起大拇指连连称赞,总统还主动要求与厨师团队合影留念。那一刻,翁建和感到无比光荣。

　　2014年,亚信峰会在上海成功举行。锦江酒店集团负责当时由中国国家主席习近平及48个国家元首参加的国际会议的重大接待任务。作为首席技师代表的翁建和临时接到通知,要求承担本次国宴接待中的中西点心制作任务。时间紧、任务重,他立即召集点心房师傅们,发挥集体的智慧,反复琢磨、精心研制,在制作技巧、原料选用、装盆构思上,努力融入新观点、新工艺。他确定具体品种、制定操作流程,带领团队一起擀皮、拌馅、成型……

很快,寓意延年益寿的寿桃包、造型别致的四喜素饺和金黄酥脆的迷你煎仔堆三款点心组合完成。这组中西合璧的

精美点心,受到有关部门的赞许:"这组点心生动展现了中国传统文化中的雅趣,造型别致、内涵丰富,辅以精致西点点缀,增添些许洋气,呈现了上海特有的海派风韵。"那一刻,翁建和手中的点心似乎早已超越了食物的界限,俨然成为一份沉甸甸的使命。

培养更多灶台旁的追梦人

做了30多年厨师,原本令翁建和感到骄傲的职业已后继乏人:"上海小囡怕吃苦,有些做了几年都跳槽不干了。"作为酒店中餐的带头人,翁建和利用一切机会悉心培养接班人,从基础的原料加工到煎、炸、炒、蒸、煮的技巧,每个环节都不放过。中厨房虽然只有27名员工,却肩负着各类重要接待大型宴会和婚宴的重要任务,翁建和竭尽所能组织大家参加各类展示会、表演会和烹饪大赛,让年轻人更多地参与,在实践中体验和成长。作为中餐营运总监,翁建和坚持每天下厨房和大伙一起研究菜品。他说,他的梦想就在灶台旁。

身为国家级考评员,翁建和由衷地希望能够培养更多有梦想的年轻人,传承中华技艺。他总是利用业余时间忙碌于各项市级烹饪大赛,指导参赛选手以最佳的状态参与比赛,将个人专业能力和优势发挥到极致。作为上海市教师企业实践基地指导老师,翁建和参与了教委及人社局的"双证融通"课程方案制定、教师企业实践活动操作指导、职业技能大赛、教育电视台"最强技艺"节目、"星光杯"上海赛区竞赛、旅游行业餐饮服务烹饪竞赛等。翁建和说:"担任大赛评委、裁判员,进行菜肴讲座、讲课,都要用心去做功课,累并快乐着!"

摘星之旅
ZHAIXINGZHILV

★ 2008年获中华金厨奖

★ 2010年被评为上海市劳动模范

★ 2012年获全国五一劳动奖章

★ 2012年获中华金厨奖

★ 2013年被评为上海市国家技能鉴定优秀考评员

★ 2014年被评为上海市技术能手

- ★ 2014年被评为中国长三角十大名厨
- ★ 2015年被评为上海市商业技术能手
- ★ 2016年获得中国最美厨师提名
- ★ 2016年获得年度厨神奖
- ★ 2016年被评为上海市杰出技术能手；享受国务院政府特殊津贴；批准成立国家级技能大师工作室

大师工作室
DASHIGONGZUOSHI

翁建和技能大师工作室于2013年5月在锦江汤臣大酒店挂牌。近年来，翁建和大师工作室还先后被评选为锦江国际集团首席技师工作室、全国财贸轻纺烟草系统劳模创新工作室、国家级技能大师工作室等。翁建和在集团酒店企业范围内，通过工作室平台，在技艺传承、带徒传技、技能推广、促进经营等方面，不断

迈向新台阶，充分发挥了大师的专业技能引领作用。工作室的挂牌和建立已经在三个方面体现了作用：

1. 培训提升作用

通过首席技师讲课、演示、带教等，制订系列培训计划，使更多的专业人员接近和学习大师精湛技艺，提高厨师队伍整体技能水平。未来大厨师会在酒店不断出现，翁建和是这样想的，也是这样用心引领的。例如，工作室徒弟们在翁建和的悉心辅导下，先后在市级和行业内的各类技能大赛的中式烹饪和中式点心项目中脱颖而出，获得了优异成绩；同时，在翁建和手把手地悉心传授和带动下，有20余名徒弟在技能等级考核中取得优良成绩，其中8名徒弟晋升高级技师、7名徒弟晋升技师和获得高级职称；在由中国烹饪协会认定的"全国烹饪名师"评选活动中，翁建和的3名徒弟入选。

2. 研修攻关作用

通过首席技师的菜点创新攻关，提升了菜肴烹饪的科技含量。翁建和策划及实施的"菜肴课题专项""菜肴成果转化"等系列活动，取得了丰富的成果转换效果，近年来共开发200余种菜肴，实现了提高餐饮经营和社会效应的双丰收。慕名而来的顾客络绎不绝,与翁建和菜肴的创新成果不可分。香露明虾球、黑蒜滋补牛肉汤、石斛叶煎蛋卷、烧汁银鳕鱼等由翁建和引领研发的菜肴,有创意和动感的装盘,或栩栩如生,或高低错落,映衬得体,似画似景,由景生趣,意味浓浓……

3. 交流展示作用

工作室通过"走出去、请进来",积极参加烹饪技能比赛、开展交流表演活动。尝大师菜品、讲大师故事、展现烹饪精英职业成长经历等活动,让大师烹饪成果共享,大师厨艺传承弘扬。工作室形成了在酒店、在锦江、在行业的名声效应和交流展示态势,铸就了品牌效应。

企业介绍
QIYEJIESHAO

上海锦江汤臣洲际大酒店是由锦江国际集团与香港汤臣集团合资建造的浦东首家五星级酒店,也是洲际集团大中华区第一家洲际酒店,自 1996 年开业以来,见证着浦东改革开放征途上荡起的滚滚春潮。

酒店坐落于浦东陆家嘴金融贸易区,是浦东开发开放的一个窗口,也是见证世纪之交历史变迁的一个载体。酒店拥有 398 间优雅的客房,餐厅、酒吧等服务设施一应俱全。锦江汤臣洲际大酒店乐于和来自世界各地的客人分享当地的文化,为客人打造特别的时刻、提供专注而真诚的服务。"做对的事、体现关爱、追求卓越、求同存异、协作共赢"是酒店的企业文化。企业热心投身公益事业、真诚关爱弱势群体、积极参与社区发展,为消费者营造人本、安全、健康、放心的消费环境。

自开业以来,酒店成功地完成了99财富论坛、APEC(亚太经合组织)会议、六国峰会、2014亚信会议等国际国内重大接待任务。俄罗斯总统普京、原法国总统希拉克等十余位国外要人曾莅临酒店。酒店连续十届获得了政府授予的"上海市文明单位"称号及各项殊荣:全国外商投资先进饭店、上海市旅游行业规范服务达标单位、中国最佳会务酒店、中国最佳婚典酒店等。同时,酒店也培养了一批批先进团队和个人。承载历史、继往开来是每一位锦江汤臣人不懈的追求;不负盛名、锐意进取是每一位锦江汤臣人用心的承诺。

走到国外的修车大王：
陶巍

汽车不是我们设计的，也不是我们制造的，我们的权利和义务是维护原车的最佳技术状况，"维修"包含了"再创造"。

个人简介

陶巍,男,1955年3月出生,无党派人士,曾任区人大代表五届、政协委员四届;2007年成为SAE(美国机动车工程师学会)国际认证汽车诊断工程领域研究员级资深高级工程师;现任上海幼狮汽车销售服务有限公司总经理,高级技师、工程师。

陶巍拥有40多年的从业经验,一直致力于汽车维修新技术。改革开放以来,大量包含高科技的世界品牌轿车进入我国,给我国高级车辆修理技术带来了一系列新课题。陶巍作为国内新一代高级轿车修理专家,坚持推广国际化的汽车维修理念,不断进行现代汽车维修领域新技术的开拓创新,通过深厚扎实的现代汽车应用理论和精湛技艺,解决了高级轿车修理中的一系列疑难杂症。他对进口高级轿车维修技术理论的运用,为开拓

我国进口高级轿车维修领域、探索国际著名品牌汽车维修新技术、倡导汽车运用性文化工程做出了贡献。

作为汽修界的领军人物，陶巍多次参加市委组织部、市委党校的高层次人才研修班学习，并作为区领军人物受到了表彰。作为首批"上海工匠"，他始终努力传承自己的技艺，在看似不起眼的汽车修理间中，陶巍正在为国家培育着一代又一代的汽车维修人才。

汽车维修

汽车维修是汽车维护和修理的泛称，就是对出现故障的汽车通过技术手段排查，找出故障原因，并采取科技手段使其排除故障并恢复动力性、可靠性、舒适性。汽车不是汽车维修师制造的，汽车维修技师的权利和义务是维护原车的最佳技术状况。汽车维修应该严格按照汽车维修依据（手册）和规范技术标准进行。保养好的车辆，可以避免很多维修，从而大大减少资金浪费。

1978年，陶巍被评为上海市劳动模范。20世纪80年代，他考取了八级工，获得了"001号"证书。陶巍从事汽车维修40多年，被誉为"中国汽车修理大王"。许多名车出现了4S

店修不了的"疑难杂症",他都"手到病除"。他还是外国领导人访沪期间的"车辆保障"专家,在沪的很多外国领事馆和外国新闻机构的高级轿车也是他维修的。

他也是驾车族的维权专家。近年来,根据消费者投诉,他义务上门进行现场勘查达280余次,解决了汽车自燃等案件60余件,为消费者挽回了近千万元经济损失。

他还是许多高校汽车维修专业的特聘教授。他总结的汽车使用和维修理论,成为多所高校的专业教材。他多次参与汽车专业机构组织的讲座授课,先后有1500多人接受培训。20世纪80年代,他开始参与上海的职业技能鉴定工作。30多年来,上海的各大汽车维修企业几乎都有他鉴定和培训过的汽修人才。

"汽车神医"陶巍

陶巍有"汽车神医"的美誉,因为他练就了对汽车疑难杂症手到病除的"神功"。

陶巍从事汽修40多年,凭着自己的技术,陶巍修复过当时国内仅有的一辆因故障而沉睡车库多年的"劳斯莱斯"车。后来,他又把解放初期陈毅担任上海市市长期间的专车——基本报废的"凯迪拉克"整修一新。因此他有了名气,不少领事馆外交官员都慕名找上门来。

1992年10月底,日本明仁天皇夫妇访沪期间的"总统牌"座驾突然出了故障,专程从日本飞来的抢修专家无法修复,外国机构服务处特邀陶巍。他问明原委后,心中已初步有了数,赶到现场后,用手一触有关部件感觉有点烫手,他当即判断是部件电阻过大，电导能力大量减弱，造成电路接触不良，从而引起车辆故障。一番修理，天皇座驾很快恢复如初。

　　1998年6月底，克林顿访问上海时，他所乘坐的高级防弹车突然抛锚无法启动。美国总统车队特邀陶巍到现场，陶巍诊断是防爆系统故障，阻止车辆启动。陶巍以正确的维修方法排除了该车系统性的故障，使美国总统的车队人员个个竖起大拇指，他为中国汽车人争得了尊严。

　　从此，陶巍声名鹊起，幼狮高级轿车修理厂成了各国驻沪总领事馆、外资公司、外商企业和外籍人士从国外带来的各种高级轿车保养、维修的"定点单位"。至今，"幼狮"已经为在沪的70多家外国总领事馆和150多家外国新闻机构提供了优质的服务。

"民间大使"陶巍

陶巍还有汽车外交"民间大使"的美誉,不少外国使领馆的官员修车后都成了他的朋友。

能跟一些总领事建立交情,主要还是因为"幼狮"随叫随到、服务优质,所以赢得了他们的信任。不少外交官员都称呼他为"修才",这一戏称的"原创"是前美国总领事滕祖龙。在"幼狮"成为美国通用汽车公司在华首家特约维修中心之后,滕祖龙特地为陶巍写下:"通用车龙陶巍兄,上海'修才'生意隆,麻省敬奉博士凭,鹤立鸡群人必恭。"因为这首打油诗,"修才"从此就传开了。在他和以后几任领事的积极举荐下,陶巍多次赴美学习、讲课和交流,先后成为美国麻省理工大学荣誉博士、底特律三角洲学院汽车维修高级教官等,还获得了美国国会、加州政府颁发的最高"终身成就奖"等。

最近几年,陶巍在第二届中国梦与和谐世界研讨会等会议上做了有关汽车文化等的专题发言,受到与会人员的一致好评。

原国务院新闻办主任赵启正在他的《向世界说明中国》这本著作中写道："希望陶巍能向中国、向世界说明驾驶，为建设和传播驾车文化做贡献。"

"维权专家"陶巍

陶巍把老百姓的利益看得比天高，一个"汽修专家"当起了消费者的"维权专家"。

随着汽车维修市场的"李鬼"和4S店的"猫腻"不断增多，作为汽车维修专家的陶巍，毅然把重点转向了为消费者维权上，这是需要抛弃利益驱动的勇气的。

看看陶巍新增加的头衔：国家质检总局缺陷产品管理中心汽车产品三包专业技术委员会委员、中国召回制度专业委员会专家、上海市质量技术监督局汽车产品三包责任争议处理技术专家、上海市公安局火灾事故调查专家委员会专家、上海市消费者权益保护委员会委员兼汽车专业办专家等。陶巍全身心地投入到为消费者维权的行列。

2014年3月，陶巍获"全国消费维权楷模"荣誉称号。

"专业教授"陶巍

陶巍能够成为汽车专业教授，不仅是因为他的高超修车技术，更是因为他拥有责任心和使命感。

我国目前已成为仅低于美国的世界第二大汽车保有国，国内汽车维修市场蕴藏着极大的商机，这对于国内汽车维修企业来讲既是一大机遇也是一大挑战。国外汽车维修从业人员多为大学生，有的还是博士；而我国大多数从业人员文化水平还相当低，加快培养高级汽车维修人才已经刻不容缓。从"修才"

到"教授",光凭经验是不行的。陶巍早就意识到了这一点。为此,他在欧美四处学习、进修、充电。

目前,陶巍担任着上海交通大学和上海工程技术大学等5所高校的兼职教授、交通部机动车检测维修专业技术人员职业水平资格考试专家委员会副主任、全国机动车检测维修专业技术人员职业水平实际操作考官,也是全国交通运输行业机动车检测维修职业技能竞赛和全国职业院校技能大赛裁判长。

摘星之旅
ZHAIXINGZHILV

★ 1978年被评为上海市劳动模范

★ 1981年被评为上海市技术能手、新长征突击手

★ 1990年获上海市自学成才奖

★ 1993年获"上海青年百里挑一金状元"荣誉称号

★ 2006年获上海市"万名技师育高徒"活动优秀师徒奖

★ 2006年被评为上海市职业技能鉴定优秀考评员

★ 2007年被评为上海市职业技能鉴定优秀考评员

- ★ 2009年获上海市突出贡献技师奖
- ★ 2008—2010年获高师带徒"名师"荣誉证书
- ★ 2011年获2010年全国交通运输行业"卡尔拉得杯"组织工作突出贡献奖
- ★ 2011年获国务院政府特殊津贴
- ★ 2011年获"十一五"交通港航行业优秀科技人员三等奖
- ★ 2013年获中国汽车维修行业协会"2013年度特别贡献奖"
- ★ 2013年被评为全国消费维权楷模
- ★ 2013—2014年度被评为"最美消费维权人物"
- ★ 2014年获中国汽车维修行业协会"2014年度特别贡献奖"
- ★ 2015年11月获中国汽车维修行业协会"2015年度特别贡献奖"
- ★ 2015年被评为上海市职业技能鉴定优秀考评员
- ★ 2015年被评为最美消费维权人物
- ★ 2016年入选首批上海工匠,获上海市五一劳动奖章

大师工作室
DASHIGONGZUOSHI

　　陶巍技能大师工作室成立于2011年4月,2012年9月获得上海市人力资源和社会保障局授牌。2014年5月,国家级陶

巍技能大师工作室（汽车修理）批准成立。

工作室的日常工作由陶巍负责，13位来自汽车各个领域、有特殊专业技能的精英组成了一支结构合理的高技能人才技术团队。

工作室的职责是积极发挥沟通交流的平台作用，倡导和引领上海汽车维修行业转型升级与国际接轨，积极参与行业攻关，切实解决相关汽修企业的诸多技术难题。工作室力求促进产品质量提升、生产效率加快、节能降耗显著、安全环保达标，同时也特别注重开展职业人员的技能培训。

工作室投入专项资金用于完善硬件基础设施建设，经费使用单独列支、专款专用。工作室调整和新配备计算机、投影仪、会议桌、专用工具等，支持培训研修、课程资源开发、专家指导、课题研究等活动的开展。同时，工作室将创建工作实施方案、项目立项表、项目进度表等上墙公示，督促项目进度，接受群众监督。

工作室主要从技术攻关、以研促教、技术培训、社会服务等方面开展工作，积极发挥工作室沟通交流的平台作用，倡导和引领上海汽车维修行业与国际接轨，积极参与行业攻关，切实解决相关汽修企业的疑难杂症。工作室为社会提供公益性服务，为机关和企业开设汽车运用性的汽车文化课。

企业介绍

上海幼狮汽车销售服务有限公司创立于1990年，是中国第一家注册专修进口高级轿车，且集各类进口零部件销售及高级汽修人才培训为一体的综合性企业，具有承接各类轿车维修业务和国内外配件资源的专业实力，拥有一支高水平、高素质、高效率、训练有素的员工队伍。公司以其良好的信誉和专业化的维修技术在全国汽车维修行业得到一致认可，在国内和国际上赢得了广泛盛誉，是全国汽车维修行业的龙头骨干企业，曾被评为中华人民共和国交通部的文明单位。

工匠精神宣传丛书

把洋技术擒下马的土专家：
黄红雄

作为一线的技术工人、最重要的就是保持一颗对技术不断钻研、精益求精的初心，积极前行，成为新时代具有创新精神的工匠。

个人简介
GERENJIANJIE

　　黄红雄，男，1970年10月出生，毕业于上海第二工业大学成教院工业自动化专业、西安交通大学电力系统及自动化专业；上海双钱集团载重轮胎分公司装备技术室工程师、双钱载重轮胎分公司技师协会副会长、华谊集团首席技师、维修电工高级技师、电气工程师；被评为全国劳动模范、全国技术能手，获得全国五一劳动奖章，两次被评为上海市劳动模范、上海市杰出技术能手，2013年获得国务院政府特殊津贴。黄红雄长期从事电气维修、安装调试、设备改造工作，有丰富的现场经验，完成了双钱载重公司技术革新、技术攻关项目20多项。黄红雄结合他设备维修20多年的实践经验，编写了"黄红雄维修工作法"，通过工作法的推广，达到了技术知识共享，进一步做好了传授维修经验和心得的工作。黄红雄大师工作室在2012

年9月成为上海市人力资源和保障局首批32个以个人名字命名的技能大师工作室、2014年成为国家级技能大师工作室。他还为双钱载重公司人事部编写了电工培训教材、编制了维修电工试题题库、建立了华谊职业鉴定中心双钱考核点。

行业科普

轮胎

　　轮胎是在各种车辆或机械上装配的接地滚动的圆环形弹性橡胶制品。轮胎通常安装在金属轮辋上，能支承车身，缓冲外界冲击，实现与路面的接触并保证车辆的行驶性能。轮胎常在复杂和苛刻的条件下使用，它在行驶时承受着各种变形、负荷、力以及高低温作用，因此必须具有较高的承载性能、牵引性能、缓冲性能。同时，轮胎还要求具备高耐磨性和耐屈挠性，以及低的滚动阻力与生热性。世界橡胶耗用量的一半用于轮胎生产，可见轮胎耗用橡胶的能力。

　　自上海大中华橡胶厂于1934年10月生产出中国国内第一条汽车轮胎以来，轮胎行业经历了从有内胎至无内胎、斜交胎至子午线轮胎、普通轮胎到宽基轮胎的产品发展历程。随着轮

胎产品种类的更新,伴随着的是产品技术的革新、轮胎装备的更新换代。从最原始的手工制作到半机械化,再到机械化乃至今天的自动化、智能化、信息化设备,这些改变给一线维修工人的工作带来了极大的挑战,对维修技术也提出了更高的要求。这就需要一线维修工人持续学习、不断钻研新的技术、提升自己的维修水平。

成长经历

黄红雄凭借精湛的技艺和刻苦钻研的精神,从一名普通的电气维修工,成长为轮胎行业核心设备的电气检修调试专家和上海市首席技师。他和他的团队所负责的钢丝压延机停机率始终保持在2%以下,运行水平远远领先国内同行,达到了国际先进水平。

勇于技术革新,突破制约产能提升的瓶颈

双钱集团作为中国最早的专业生产全钢丝载重子午线轮胎的工厂,其核心设备——钢丝压延机和内衬层压延机是公司从国外进口的关键生产设备,该设备的运行质量关系到公司整个生产系统的正常运转和产能提升。公司成立之初仅有的一台钢

丝压延机是意大利进口设备，原设计生产能力可满足年产200万套全钢载重胎的需求。但随着市场需求的日益增长，钢丝压延机成了制约产能提升的瓶颈。黄红雄利用自己所学的知识，对设备进行分析，通过对钢丝压延机实施全面技术改造，使生产效率大幅提升，单机产能提升到了280万套，创下了同行业钢丝压延机单机产能最高水平。仅此一项，就为企业节约了几千万元的支出。

黄红雄在工作中不断创新，勇于实践，主持和参与了公司多项电气技术改造项目，他负责的1号线电气改造项目，采用现场总线控制方式（profibus）和西门子的视窗控制中心（WINCC）工业控制人机界面，使设备生产能力提高了10%，同时也大大提高了维修效率。2013年，黄红雄再次对钢丝压延机的划泡装置进行技术攻关，使划泡效果得到明显提高，产品合格率大幅提升，每年可节约成本200多万元，为企业发展和科技进步做出了积极贡献。

发挥专业所长，支撑全国基地业务发展

近几年，随着双钱集团"走出去"战略的不断实施，黄红雄凭借对钢丝压延机扎实的专业技术和丰富的现场经验，承担起支持双钱股份旗下江苏如皋、重庆大足、安徽芜湖等轮胎生产基地的设备安装调

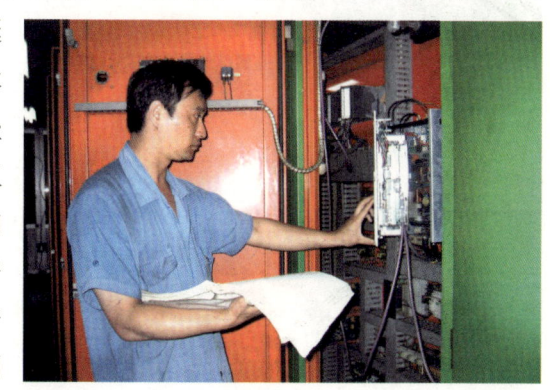

试项目,均一次性获得成功。

在为重庆公司调试压延机主机温控装置时,意大利电气公司的调试专家查了很久,仍然找不到温度信号不能在工业控制机屏幕上显示的原因,意方人员一筹莫展,准备询问外国总部专家。这时,黄红雄提出是否问题出在模拟量输入模块量程卡上,意方专家马上给予了极力否定,认为他们公司不会犯这种低级错误。但在黄红雄的坚持下,意方人员和黄红雄一起进行了检查,事实证明黄红雄的判断是正确的,问题就发生在量程卡出厂设置上面。

双钱集团并购新疆昆仑公司后,黄红雄被派往昆仑公司进行技术支持。经过对昆仑公司3条压出线的现场工艺生产诊断,他认为应该尽快对3条压出线进行技术改造。公司与压出线生产厂家联系,希望得到他们的支持与帮助,但是厂家要求支付30万元的技术费用。黄红雄凭着20多年的现场维修经验和技术功底,克服了水土不服和满嘴溃疡的病痛,对昆仑公司的3条压出线进行技术改进,每天工作到深夜2点,

第二天仍旧正常上班。他对昆仑公司的压出线程序进行研究后自己编写程序，将4#收缩辊道与连续称辊道之间的浮动辊取消，增加连续称辊道可以

自由减速与加速的速度控制系统。经过改进后的压出线控制更加方便，进度得到了提高，3条复合压出线全线速度由原来的10米/分钟提高到18米/分钟，效率提高了80%，回炉料减少了50%，操作人员的劳动强度大幅度下降，得到了昆仑公司领导的一致好评。

黄红雄除了做好自己的本职工作外，还发挥所长，对宽、窄预复合导开卷取装置进行程序优化，保证在全线联动时各种功能正常，在手动装衬布时增设点动功能，确保了设备的安全性。他的"内衬层压延机导开卷取机安全改进项目"还获得第九届上海市劳动保护绿十字奖优胜奖。

建立团队平台，带动技术革新辐射

以黄红雄命名的劳模工作室、上海市技能大师工作室、国家级技能大师工作室成立以来，培养了一大批知识型技能人才。他利用大部分业余时间整理了结合企业实际的系列培训教材，制成模拟公司大型流水线电气自动化控制系统的模拟实验平台，组织技师讲坛20余次，授课200多课时，受训员工600多人次，组织开展电工、钳工实训200余次。他组织技师带徒成功结对40余对，培训培养了一大批一线技能型人才，以自

身行动践行"革新专家"的职责。

在新时期国企"创新驱动、转型发展"的怀梦、追梦的道路上,黄红雄正立足本职、兢兢业业、刻苦钻研、勇于革新,同时集聚一大批一线技术人才和各类先进模范共同努力着、践行着,为轮胎民族品牌的振兴和超越"走在前、干在前、争首善、当先锋"。

摘星之旅

- ★ 2006 年被评为上海市杰出技术能手
- ★ 2007 年获 2004—2006 年度"上海市劳动模范"荣誉称号
- ★ 2009 年获全国五一劳动奖章
- ★ 2010 年获 2007—2009 年度"上海市劳动模范"荣誉称号
- ★ 2011 年获化工检修电工一级证书、工程师资格证书
- ★ 2013 年获国务院政府特殊津贴
- ★ 2014 年被评为全国技术能手
- ★ 2015 年被评为全国劳动模范

大师工作室

2012 年 9 月,黄红雄技能大师工作室申报成功,成为上海

市首批以个人姓名命名的技能大师工作室之一，2014年成为国家级技能大师工作室。工作室共有理事14名，成员76名，全部为技师，工作室成员工种以维修电工为主，覆盖维修钳工以及生产工艺两个方面。

黄红雄工作室自成立以来，充分发挥技能大师作用，通过师徒带教、技术攻关、岗位培训、先进操作法总结和推广等活动，大力开展岗位技能传、帮、带，为公司打造了一支高水准、创新型的技能人才队伍。

近年来，技能大师工作室主持和参与了公司多项技术改造项目，先后共完成了37项技术攻关课题、先后实施合理化建议32项、完成技术小改小革20多项、技术论文5篇。在课题攻关的同时，大师工作室通过技师带徒、技师讲坛、实训练兵、技能比武等多种方式开展各类技能培训工作，为公司先后培养了近百名高技能人才。在培训之余，大师工作室的成员通过实践摸索，总结提炼出"技能大师工作室五大操作法"，这五大操作法是大师们对多年工作经验

的积累和总结，对于解决生产线上的实际问题有着举足轻重的作用。同时，由于其通俗易懂，员工接受程度很高，现已成为员工在岗培训的内容。这些成绩都离不开黄红雄带头所建立的技能大师工作室付出的努力。

企业介绍

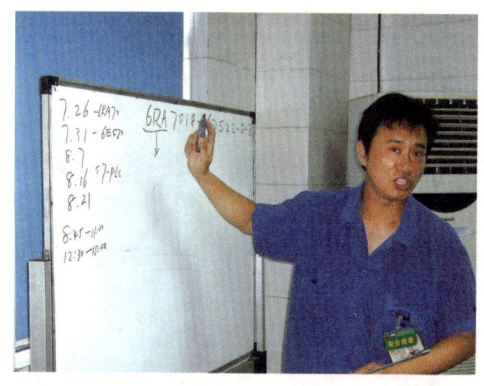

上海华谊集团公司子公司双钱集团股份有限公司是从事轮胎制造的大型企业，拥有双钱载重轮胎分公司、江苏公司、重庆公司、安徽回力公司、新疆昆仑公司五大生产基地。双钱集团的创业者于1929年和1935年分别创立了我国轮胎橡胶民族工业的"双钱""回力"品牌，将引进技术与自主创新相结合，研发制造了中国轮胎行业的多个第一：第一条汽车轮胎（1934年）、第一条全钢载重子午线轮胎（1964年）、第一条轿车子午线轮胎（1982年）、第一条全钢工程子午线轮胎（2002年）、第一条全钢工业子午线轮胎（2003年），培育和带动了中国轮胎产业的发展。企业的主要产品有全钢子午线载重汽车轮胎、全钢子午线工程轮胎、全钢子午线工业轮胎、全钢子午线轻卡轮胎、斜交载重汽车轮胎、斜交轻型卡车轮胎、农用胎、乘用胎等。

SHANGHAI
JINENGDASHIFENGCAI

美丽从头开始：

龚建林

美发师要以美发技艺学习为开始、创新为过程，满足顾客追求美的渴望永远是终点。

个人简介

龚建林，男，1963年9月出生，上海南京美发公司美发师，高级技师，技术总监；获第十八届亚洲发型化妆国际大赛季军、第十九届亚洲发型化妆国际大赛亚军、第二十届亚洲发型化妆国际大赛亚军；2009年获"上海市商业优质服务先进个人"称号。

行业科普

头发的生理现象与病理现象

头发有自己的生长期与休止期。一般情况下，人们起床时发现枕边有掉落的头发，梳头时发现梳子的齿间留有头发，这都是正常的，每天都会掉落一些头发，而新发也在不断生长。

头屑是因头部皮脂腺分泌和表皮角质层新陈代谢而产生的。产生头屑是正常的生理现象。

头发掉落或有头屑出现是生理的自然反应。但是掉发过多、过早、逐渐稀少形成秃顶，或头皮屑太多、头部遍布灰白色糠秕样鳞屑且鳞屑略带油腻性，这就属于病理现象了。

到目前为止，治疗脱发、秃顶还没有特效药。脱发是由全身性或局部性疾患引起的，其病因消除后，头发会自然恢复，如斑脱，随着身体状况的改善，头发会生长如初。

医学上把头屑过多症状称为"干性皮脂溢"，因皮脂腺分泌机能亢进所致。其病原体医学界尚无定论。出现这种情况，在饮食上应限制摄入过多脂肪及碳水化合物，多食新鲜果蔬及富含维生素B的食物可缓解。另外，在洗发时，应选用中性洗发膏，洗的力道和频率要适度。

成长经历
CHENGZHANGJINGLI

龚建林从事女子发型设计和服务已有30多年。他博采众长，集美学与技术为一体，面对不同顾客，多角度制作季节性、职业性、创意性、掩饰性、婚礼性发型，具有简、便、新、雅、淡、异的风格，古色风韵和现代气派兼而有之，深受女顾客青睐。现在，龚建林把更多的精力投入到了培养新人、技术创新上。

入行前他十二分不乐意

1982年，龚建林19岁，当时他在老家镇江，高考落榜。在上海南京美发店工作的父亲快退休了，那时政策允许孩子顶替父母工作。父亲希望龚建林来上海接他的班。但龚建林很不乐意,他想复读一年,再考一次,上大学是他的梦想。"当剃头匠,多没劲。而且上海话我又听不懂,人生地不熟。"龚建林现在回想起当时的情景,实话实说。

经过他哥哥的一番劝说,龚建林想通了。从此,上海南京美发店里多了一个勤奋好学的小伙子。既然决定接父亲的班,龚建林就把全部心思都用在美发上,干一行爱一行。

休息天到其他理发店学艺

刚工作头几年,龚建林的业余时间都花在学习业务上。第一年,龚建林打杂,熟悉环境。第二年,还是不许动剪刀,仍旧给师傅打下手,帮忙用卷发器卷头发。到第三年,才允许在自己人的头上练。那时候师傅很严格,手势不对就用木梳敲手。

龚建林的业余时间全花在钻研业务上,当时上海有南京、华安、新新、沪江四大品牌理发店,四家店风格各异,服务的对象也各不相同,代表上海乃至全国美发服务的高水准。到了休息天,龚建林的父亲就带着龚建林到其他美发店串门,看别人的手上功夫。

龚建林利用休息时间几乎跑遍了上海所有的知名理发店,不计其数的发型烂熟于心。20世纪80年代,上海静安美发行业里有个美发进修班,龚建林是进修班里最拔尖的。

"这个小伙子有悟性,求上进,是个好苗子。"进修班的老师傅们把自己的绝活悉数教给龚建林。渐渐地,龚建林崭露头角。

连续3年获国际大奖

1994年,龚建林参加第十八届亚洲发型化妆国际大赛,比赛在北京举行,他获得季军。第二年,第十九届亚洲发型化妆国际大赛在雅加达举行,全国只派出两名选手参赛,龚建林是其中之一。这是龚建林第一次出国比赛,他带了一大箱的工具、饰品。"比赛非常严格。比赛前一天才抽签决定模特。"龚建林至今对当时的情景记忆犹新。龚建林的运气

不太好,他抽中的是个混血儿,发质是难伺候的"砂发"。根据比赛要求和模特的头形、脸形、气质,龚建林想给她做个中长发造型,一番染、烫、剪、吹,发现效果不是特别好。龚建林决定返工,把前面所有的努力推倒重来。这次龚建林想弄成短发造型,重新染、烫,活做到一半,模特突然顶着一头卷发器、药水要离开。

龚建林急了,拉着模特不让走。模特叽里咕噜说了一大串,龚建林听不懂,连忙找来翻译。原来比赛方只支付模特5小时的报酬,5小时过去了,模特工作结束了,如果想加时,得另外加钱。"加钱可以,你不能走啊。"龚建林急得汗都出来了。

模特重新坐好，龚建林继续创作，一直到夜里两三点，总算大功告成。

最后的造型是短发，呈螺旋形盘旋在头上，当中一缕直发从头顶垂到前额，这缕直发染成绿色，非常夺人眼球。这个造型一举夺得亚洲发型化妆国际大赛亚军。

在1996年的亚洲发型化妆国际大赛中，他又获得亚军。他是上海乃至全国唯一一位连续三届获得亚洲国际大赛大奖的美发师。

龚建林先后成为上海美发美容行业协会、中国美发协会、上海技师协会、世界发型设计师协会会员，获得中国国家职业技能竞赛裁判员的资格，并被评为上海美发大师、中国美发名师、上海市静安区第五批优秀中青年专业技术拔尖人才、上海商业优质服务先进个人。

发型样式因人而异

随着时间的推移,龚建林从小青年变成了中年,现在他是南京美发公司的技术总监,也有一个以他名字命名的技能大师工作室。龚建林做了30余年女士发型,对上海女性的发型很有发言权。

无论潮流怎么变,龚建林对美发美容的时尚理解是:一款发型完成,得到顾客的认可,那就是时尚。"适合自己的就是时尚,不用跟着潮流走。"这句话的背后是因为其具备深厚的技术功力和开阔的审美视野。在女子头发的造型与制作中,融汇传统的格式化与当今的个性化,把几何方、圆、角的"三维"应用到发型之中,通过剪发、烫发、染发、漂发、梳理的巧妙组合,充分体现发型的飘逸自然动态之美,是龚建林长期追求和实践的目标。无论生活发型还是艺术发型,都强调形似、神似的协调,同时体现每一位顾客的特征。龚建林在服务女士的工作实践中形成了长发、中长发、短发多变层次的修剪造型技巧和审美理念,受到了市场认可。众多"粉丝"对他的评价是:"头发怎么弄,他说了算。"

摘星之旅 ZHAIXINGZHILV

★ 1986年静安区顶替来沪青工技术比武季军

★ 1989年静安区甲级户青年技术比武第一名

- ★ 1990—1992年，连续三年获得静安区美发美容艺术节发型表演赛优胜奖
- ★ 第十八届亚洲发型化妆国际大赛季军、第十九届亚洲发型化妆国际大赛亚军、第二十届亚洲发型化妆国际大赛亚军
- ★ 2009年获"上海市商业优质服务先进个人"称号

大师工作室
DASHIGONGZUOSHI

南京美发公司技研小组成立于1994年，2012年更名为龚建林技能大师工作室。技能大师工作室编制课程，分工授课，先后开办了女子时尚发型修剪、束发创意、烫发新技术、男式时尚发型造型等研讨班，研讨班每月活动一次。

培养新人是龚建林的一大任务。当然，当年龚建林师傅对待龚建林的办法——用木梳敲手，不再用在徒弟身上了。龚建林说："传承不仅是技术的传承，重要的是工匠精神的传承，坚持寻常，创造不寻常。"新时代技术传授的途径和教育方法应与时俱进，以表扬为主，不能简单地用"忆苦思甜"鞭策，要帮助青年人寻找成功的乐趣。

技能大师工作室的另一个任务是创新研发。国际上的新技术、新产品一面世，技能大师工作室就要拿来"尝鲜"。技能大师工作室与威娜、资生堂等公司合作，这些大品牌一推出新产品，技能大师工作室就积极跟进。技能大师工作室的作用

不是简单地照搬，而是在消化的过程中结合单位实际和顾客需求，通过研究和实践形成有效科学的操作程序。

烫发如何不伤头发，并使头发卷曲自然、方便打理；染发如何不伤皮肤，并使头发色彩纯正、不留残渍，这些都是美发师不懈追求的目标。

技能大师工作室先后对"空气烫""热能烫""酸性烫发"等烫发技术工艺进行了创新，引进护发精油、隔离霜、去残渍霜，在传统的剪、吹、烫、焗等项目的基础上，丰富美发、护发手段。

"艺无止境，再创未来，承上启下，培养新人，我辈须脚踏实地留下足迹。"龚建林这样要求自己，也是这样在做。目前，他和以他命名的龚建林技能大师工作室正在编写南京美发技师和高级技师论文集、南京美发80年发式样册。他们努力构筑美发造型创意、技术研究平台，提供给顾客更好的美发选择。同时，他们做好传承，引领青年发型师争做技术能手，为"南京美发"优秀老字号品牌再创未来而勤奋耕耘。

企业介绍

南京美发公司开设于1932年,原名南京理发公司,当时的理发设备全部采用美国"皇后牌",在远东地区堪称顶级。社会名流、国民党军政要员,如宋氏家族、孙科、吴铁城、张发奎、蝴蝶等都为常客。1939年,公司聘请外籍发型师、引进电化烫技术,主导了上海烫发技术的革命。20世纪40年代初期,享有理发业"四大名旦"美誉之首的刘瑞卿大师到店主理,确立了南京理发公司在美发美容业超一流水准的地位,驰名中外。

公司技术力量雄厚、名师辈出,既有第一代前辈大师刘瑞卿、张学明、戚荣炳和金万佼;又有第二代美发大师曹岚峰、钱敏敏;还有在国际、国内美发美容大赛舞台上屡屡夺冠的任建中、李志安、龚建林、何国庆、陆萍等第三代美发美容大师、名师;现有活跃在一线为顾客服务的第四代青年美发美容技师潘维、高凤、谢国丰、李德中、宋羽。他们博采众长、传承经典、引领时尚,形成了"简、便、新、雅、淡、酷"的南京美发的风格,并能多角度制作季节性、职业性、创意性、掩饰性、婚礼性和舞台发型,深受各界宾客青睐。

公司于1988年被认准为"中华老字号"企业;2000年被评为"全国十佳美容院";2004年被上海市美发美容行业协会授予"上海市五星级美发美容院"称号;2014年被上海市商委认准为"上海老字号"。

爱琢磨的飞机钣金工：

戴渊

把专业理论知识和实际工作经验结合起来，与时俱进，踏踏实实，不断学习，不断摸索，不断总结创新，不断提升自我。

个人简介

戴渊,男,中共党员,飞机钣金工高级技师,上海人,1970年7月出生;1988年毕业于上海飞机制造厂技校,2009—2012年在上海电视大学学习机电一体化技术(机电维修),2012—2015年在上海开放大学学习机械电子工程;1988—2003年在上海飞机制造厂钣金车间做飞机钣金工,2003—2005年劳务输出新加坡,2005—2011年在上海飞机制造有限公司钣金制造车间任飞机钣金工,2011年至今在上海飞机制造有限公司钣金制造车间任飞机钣金首席技师。

行业科普
HANGYEKEPU

钣金

钣金是指以金属薄板为材料，通过塑性变形而制成零件或产品的一种加工工艺。在航空工业中，钣金零件是组成现代飞机机体的主要部分，约占飞机零件总数量的70%，制造工作量约占整架飞机制造工作量的15%，并有品种多、数量少、结构复杂、外廓尺寸大、刚性小等特点，直接影响飞机整机质量和生产周期。钣金加工的特点主要是由飞机的结构特点和生产方式确定的，钣金零件构成飞机机体的框架和气动外形，零件尺寸大小不一、形状复杂、选材各异、产量不等、品种繁多。另外，零件有复杂的外形、严格的重量控制和一定的使用寿命要求，并对成形后零件材料的机械性能有明确的指标，与其他行业的钣金相比技术要求更高、加工难度更大。

钣金工艺方法包括下料、压弯成形、滚弯成形、拉弯成形、压延成形、橡皮成形、液压成形、热成形、应力释放成形，以及落压、旋压和超塑成形等。

钣金工艺有如下特点：

1. 手工工作量大，在一般成批生产工厂，手工工作量约占30% ~ 40%。

2. 专用设备多，以便成形各类不同形状的零件。

3. 工艺装备量很大，因此生产准备工作繁重，如现代飞机批量生产均需模具12000 ~ 18000个。

4. 采用样板、模胎、检验型板等刚性量具进行检验工作。

成长经历

戴渊从一名普普通通的钣金工,成长为一名熟练掌握全面钣金制造工艺技能和理论知识的高级技师,在平凡的岗位上,走出了不凡的技术工人成长之路,成为了名副其实的"金蓝领"。首席技师究竟是怎样炼成的,这其中的甘苦恐怕只有戴渊自己才能体会。

颖悟与执着的碰撞

戴渊在工作之余喜欢手谈几局:"下棋有的时候就是一刹那的灵光闪现,这和工作与学习是相通的,都需要一种悟性。"戴渊将这股灵气与悟性带到了学习与工作当中。

常言道"三十而立",戴渊对于技术的参悟也是在30岁之后才有了突破。在技校他原本学习的是钳工专业,进入公司后被分在钣金制造车间蒙皮组,是半路出家的钣金门外汉。万事开头难,没有师傅教,戴渊就在一旁观察老师傅干活,自己琢磨技巧,在工作中学习,在实践中提高。善于总结、勤于思考也许正是戴渊成功的秘诀。为什么师傅会敲坏?怎样做才能达到预期的效果?他相信书本是最好的老师,遇到不懂的问题就到书中寻找答案,刻苦钻研其中的奥妙。有一次在做麦道干线飞机时需要一种弧形零件,如何把直的做成弯的,这个问题难倒了一大批经验丰富的老师傅。戴渊迎难而上,积极寻找解决问题的办法,查阅资料对照着反复推敲,提出了"一边放、一边收"的方案,最终成功敲出了满意的零件。思维的大门一旦打开后,戴渊一通百通,过往的许多难题迎刃而解,技术也更上一层楼。

"技术达到了一定程度后,我才体会到了文化知识的重要性。有经验、有技术却不知道如何表达出来转化为理论知识,无法传播给更多的人。"于是,2008年戴渊主动报名参加了公司与上海交通大学联合组织的学习班,并成功取得了上海交通大学先进制造技术课程结业证书。戴渊还利用业余时间在上海电视大学学习机电一体化专业,进一步提高自身的理论水平。大专顺利毕业后,他又马不停蹄地继续报读了本科,他不放过任何一个继续学习的机会。在职读书对于年近40并且学习基础本不牢固的戴渊来说就更加困难了。白天上班,晚上还要挑灯夜战,双休日牺牲"别人喝咖啡的时间"来学习。遇到考试周,时间就显得更加宝贵,没条件学习就创造条件学习,没时间看书就挤时间看书。他常常把孩子哄睡着了自己还要再学一会儿,

班车上哪怕多记住一个单词也是好的。2010年11月，戴渊被中国商飞公司派赴德国汉莎航空公司进行技能培训，戴渊还参加了由中共上海市委党校举办的第13期高技能人才研修班……"只要肯学，就一定会有收获。"戴渊很肯定地说道。

戴渊不仅严于律己，还要求小组内成员也要积极上进、勤学苦练。作为12个组员的"大家长"，基于钣金一组成员普遍年轻化的情况，戴渊主动承担起以老带新的任务，将技术传授给年轻成员，鼓励青年职工勇挑重担。"只有遇到的问题多了，学到的东西才会多。"当遇到一时无法解决的困难时，戴渊总是不厌其烦地进行讲解，使年轻成员得以快速成长。钣金一组曾获上飞公司"十好班组"称号，并且连续两年被评为"质量信得过班组"。

智者与策略的游戏

20多年来，戴渊经历了MD-82（麦道-82）、MD-90（麦道-90）、波音的转包生产项目，地效型飞机、神舟飞船降落伞舱的研制，ARJ21-700新支线飞机等一系列型号研制的零件制造过程，积累了丰富的钣金制造技术经验。他凭借着自身过硬娴熟的技术，攻克了一个个技术难关，并且在技术上大胆创新，摸索出了一系列行之有效的新工艺、新办法。

在ARJ21-700新支线飞机零件腹板生产过程中，由于涉及冲压剪切的减轻孔原工艺，剪切出来的毛刺呈尖锐状，不方便去除，而且只能一个零件一个零件进行剪切，效率低下的同时也不利于生产。重担压在了戴渊身上，经过查阅资料、反复思考，他提出了铣切成形的办法，不仅可以两三个零件一起加工，并且铣切出来的毛刺也不是很大，不仅改善了工艺而且提高了生产速度。

机加壁板采用的是铝合金–7475和铝合金–7449新型材料，戴渊结合零件局部的不规则矩形结构形式和公司现有的成熟工艺，对该壁板零件采用消除应力成形工艺，在室温下进行预成形。由于该机加整体壁板零件室温下预成形只能从一个方向进行，不能反

方向成形，预成形主能是靠液压和手动机床来完成，这给成形造成了不小的障碍。面对这一难题，戴渊又琢磨开了。在成形过程中，戴渊反复试验，不断把各种加工方法进行对比，最终成功运用了三点压弯的方法，并在弯曲部位的中心添加了不同厚度的垫片，用逐层抽垫片的方法将其外形逐渐向下成形，此办法的使用防止了零件过压从而满足了工程要求。

作为首席技师工作室的一员，技术攻关和培养高技能人才成为了戴渊现今的工作重点。技术要想攻关，还得靠集体智慧，一个人的力量还远远不够。唯有自强不息，努力拼搏，才能在攻坚克难的技术道路上披荆斩棘，谱写人生光辉的棋局。

摘星之旅

- ★ 2010年获得中国商用飞机首届职业技能竞赛（国家级二类竞赛）飞机钣金工第二名
- ★ 2010年被评为中国商飞技术能手
- ★ 2011年入选上海市首席技师千人计划
- ★ 2012年批准建立上海市技能大师工作室
- ★ 2012年被评为第十一届全国技术能手
- ★ 2013年成立中国商飞公司首席技师工作室
- ★ 2014年批准建立国家级技能大师工作室
- ★ 2015年获得国务院政府特殊津贴
- ★ 2015年获得上海飞机制造有限公司技术革新奖

大师工作室

上海飞机制造有限公司"飞机零件钣金制造首席技师工作室"成立于2010年8月，工作室带头人戴渊为第十一届全国技术能手，工作室现有工作团队成员10人，其中全国技术能手2人、高级技师4人、技师3人、高级工程师1人、工程师2人。在上海飞机制造有限公司人力资源部、相关部门领导的帮助和指导下，工作室2012年入选为上海市技能大师工作室，2014年入选为国家级技能大师工作室。

　　成立至今，工作室攻克了多项技术难关。例如，对ARJ21支线飞机机加壁板进行了攻关；通过对空客货舱门框前后蒙皮加工工艺改进，将化铣工艺改为机加工工艺，数控折弯成形工艺参数达到了代替滚弯成形的要求，解决了大尺寸、多层深度机加蒙皮变形问题和轧弯过程中蒙皮表面的轧痕问题；完成了波音787前缘灯罩零件的研制任务；工作室在C919铝锂合金型材的成形和校形中解决了加热温度不均匀引起的裂纹问题等。

　　与此同时，工作室按每年培训计划，针对员工的不同岗位开展了公司级、部门级等各类培训，参加培训人员达2600多人。通过开展选拔和竞赛活动，工作室成员所带的徒弟中有1人被评为全国技术能手，2人被评为中国商飞技术能手，1人被评为上飞公司技术能手，3人晋升为技师，6人晋升为高级工。

企业介绍

上海飞机制造有限公司（简称"上飞公司"）隶属于中国商用飞机有限责任公司，并为其下属的三大中心之一：总装制造中心。上飞公司注册资本为20亿元，其中中国商用飞机有限责任公司以现金出资11亿元，实物出资9亿元，占注册资本的100%。上飞公司正通过体制改革，尽快形成飞机总装制造能力，为建设国际一流的总装制造中心奠定坚实的基础。

上飞公司作为主制造商，参与研制了ARJ21-700新型涡扇支线飞机，作为主制造商承担了总装制造、试验试飞、交付等任务。

上飞公司同时承担着C919大型客机项目的总装制造和部件制造任务，C919大型客机研制分为立项论证、可行性研究论证、预发展、工程发展、批生产、产业化等五个阶段。目前大型客机项目立项论证阶段、可行性研究论证阶段、预发展阶段已完成，C919大型客机项目机体零件制造工作全面启动。上飞公司浦东基地建设、批产能力建设和条件能力建设正在加紧进行中。

上飞公司还为世界上最大的两家航空制造企业提供零部件，1995年，与波音公司签订1500架新一代波音737飞机平尾转包合同；2011年9月，上飞公司与波音公司、中航国际控股有限公司共同签署了一份为期10年的新一代波音737飞机平尾转包生产合同。2006年，与空客公司签订1000架A320系列飞机前货舱门门框合同；2009年，生产达到12架份速率。

上飞公司正在通过自身的努力尽快跻身于世界级供应商的行列。

在中国商飞公司的领导下，上飞公司认真贯彻落实国资委关于中央企业建设"四个一流"职工队伍的工作要求，认真制定高技能人才队伍建设规划和目标，每年高技能人才培养费用占职工教育经费的35%左右。

近年来，上飞公司通过岗位练兵比武、高师带徒、职业技能比赛、外派培训、高技能人才培训班、首席技师及工作室等项目活动，加快高技能人才队伍建设，培养了一大批具备高学历、高技能的技术工人，为两大型号飞机研制批产提供了坚强保障。

在中国商飞公司的领导下，上飞公司为大型客机项目、新支线飞机项目的成功，为中国民用航空工业的振兴，扛起了主战大旗，并将努力通过提升民机总装集成能力，民机试飞交付能力，供应链构建与管理能力，新技术、新工艺、新材料应用研发能力，快速反应能力五种能力，发展成为世界民机领域一流总装制造企业，最具效率、最值得信赖的航空总装制造商。